기억과 감정

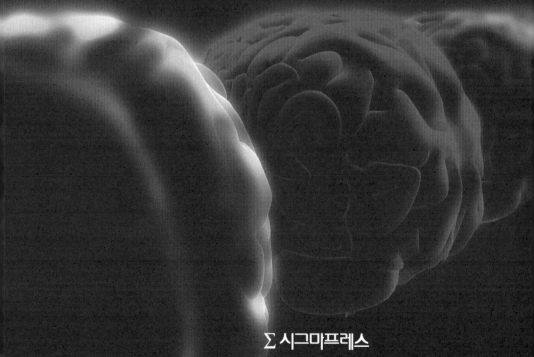

MEMORY AND EMOTION
The Making of Lasting Memories

기억과 감정

James L. McGaugh 지음 | 박소현, 김문수 옮김

Σ 시그마프레스

기억과 감정

발행일 | 2012년 1월 5일 1쇄 발행
2013년 8월 5일 2쇄 발행

저자 | James L. McGaugh
역자 | 박소현 · 김문수
발행인 | 강학경
발행처 | ㈜시그마프레스
편집 | 우주연
교정 · 교열 | 문수진

등록번호 | 제10-2642호
주소 | 서울특별시 영등포구 양평로 22길 21 선유도코오롱디지털타워 A401~403호
전자우편 | sigma@spress.co.kr
홈페이지 | http://www.sigmapress.co.kr
전화 | (02)323-4845, (02)2062-5184~8
팩스 | (02)323-4197

ISBN 978-89-5832-052-4

Memory and Emotion : The Making of Lasting Memories

이 책을 집어 든 독자에게 질문을 하나 던지고 싶군요. 독자의 기억 중에서 가장 강렬한 또는 가장 중요한 기억은 무엇인가요?

그런 기억을 끄집어냈다면, 이제 또 다른 질문을 하고 싶군요. 독자의 그 기억은 즐거운 것인가요 아니면 슬픈 것인가요? 또는 두려운 것인가요 아니면 아무런 감정도 섞여 있지 않은 것인가요?

이제 마지막으로 하나만 더 질문을 해 보겠습니다. 독자의 기억 중에서 감정이 털끝만큼도 섞여 있지 않은 것들이 얼마나 있을 것 같은가요?

일반적으로 기억은 지성의 일부이고 감정은 지성과는 반대되는 것이라고들 생각합니다. 그래서 기억이 감정과는 별 상관없는 것이라고 생각하기 쉽지요. 하지만 곰곰이 생각해 보면 우리의 기억 중 중요한 것들은 사실상 모두 감정적인 것입니다. 원하던 사랑을 얻는다거나 가까운 친구를 잃는 것 같은 일들은 우리에게 평생 잊히지 않는 강한 기억을 남기는 법이지요. 그리고 그런 기억에는 강렬한 감정이 실려 있습니다. 우리의 기억 중에서 전혀 감정이 섞여 있지 않은 기억을 찾기란 쉬운 일이 아니죠. 현대 신경과학과 심리학은 감정이 기억의 형성을 조절한다는 것을 밝혀냈습니다. 우리에게 강렬한 감정을 일으킨 사건은 그만큼 강하고 오래가는 기억을 남기기 마련이며 별다른 감정을 일으키지 않는 사소한 일들은 기억에 남지 않는다는 것은 이젠 잘 확립된 사실입니다.

　기억과 감정 사이의 관계를 연구하기 시작한 선구자 중 한 사람이 이 책 『기억과 감정(Memory and Emotion)』의 지은이인 제임스 L. 머가 James L. McGaugh 박사입니다('맥고우'도 아니고 '맥거프'도 아닌, '머가'라고 발음됨을 밝혀 두어야겠군요). 그는 어떤 학습을 한 후에 일어나는 일이 그 학습에 대한 기억을 촉진할 수도 있고 방해할 수도 있음을 최초로 보여 준 학자입니다(이 책의 제4장을 보십시오). 우리는 공부하기가 싫다거나 잠이 온다거나 또는 집중이 잘 된다거나 할 때처럼 학습을 하기 직전이나 학습 동안의 상태에 따라 기억이 달라진다는 것을 대개 경험으로 알고 있습니다. 하지만 학습을 다 하고 난 후에 어떤 일이 일어나는가가 기억에 영향을 미친다는 사실을 아는 이는 드물지요. 머가 박사의 아이디어 덕분에 훈련후 처치가 기억에 미치는 효과를 탐구하는 새로운 연구 분야가 열리게 되었습니다. 머가 박사는 또한 기억의 형성이 신체에서 분비되는 호르몬의 영향을 받는다는 놀라운 사실도 보여 주었지요(제5장을 보십시오). 뇌에서 일어나는 기억 형성 과정이 인지 능력과는 전혀 상관없다고 생각되는, 게다가 뇌도 아니고 말초에서 분비되는 호르몬(특히 스트레스 호르몬)에 의해 조절될 수 있다는 생각을 어떻게 할 수 있었을까요? 우리가 강렬한 감정을 느낄 때는 스트레스 호르몬이 분비되는 데 이것이 바로 기억과 감정을 연결시켜 주는 중요한 고리 중 하나입니다. 그리고 이 연결고리를 완성시키는 것은 편도체라는 아몬드 모양의 뇌 구조물로서, 이것이 기억의 형성을 조절하는 중요한 역할을 한다는 것을 머가 박사는 보여 주고 있습니다.

사실 머가 박사는 이 책의 옮긴이 중 한 사람의 박사학위 지도교수입니다. 따라서 이 책이 발간되었을 때 제자 된 도리로서뿐만 아니라 내용이 흥미롭기도 해서 이 책을 번역하여 일반 대중에게 소개하고 싶다는 생각이 들었는데, 다행히 (주)시그마프레스를 통하여 그런 기회를 가질 수 있게 되었습니다. 항상 그랬듯이 이 책을 번역하는 데는 예상보다 시간이 더 많이 걸렸습니다. 과학적 연구 결과들을 쉬우면서도 정확하게 전달할 수 있도록 번역하려 노력했으나 미진한 부분이 많은 탓에 지은이께 큰 누가 되지 않기만을 바랄 뿐입니다.

이 책이 출판될 수 있도록 기다려 주고 도와주신 (주)시그마프레스의 여러 분들께 감사를 드립니다. 그리고 훌륭한 스승들을 만나 좋은 공부를 할 수 있도록 지원해 주신 옮긴이들의 부모님들께 이 자리를 빌려 깊은 감사의 말씀을 전합니다.

2011년

박소현, 김문수

저자 서문

이 책은 기억을 만들고 보존하는 일에 관한 책이다. 일반적으로 기억은 가지고 있으면 좋은 것이다. 우리의 개인적인 과거에 대한 기록은 생존에 필수적이다. 세상에 대한 우리의 모든 지식, 그리고 세상을 살아가는 데 필요한 우리의 모든 기술은 우리가 했던 경험에 대한 기억을 토대로 하고 있다. 우리의 모든 계획과 꿈도 역시 그러하다. 기억이 없는 삶이란 상상하기 어렵다. 어쨌든 상상도 기억이 있어야 가능하다. 기억이 없는 삶이란 도무지 삶이 아닐 것이다.

기억에 관한 과학적 연구는 시작된 지 겨우 한 세기가 좀 넘었을 뿐이지만 '자꾸 연습하다 보면 완벽해진다'는 결론을 충분히 입증했다. 정보 혹은 기술을 반복 학습하면 더 강한 기억이 생겨난다는 사실을 우리는 모두 알고 있다. 물론 교육은 이 일반 원리를 바탕으로 이루어지는 경우가 많다. 하지만 경험에 대한 강한 기억을 만드는 데는 또 다른 방법이 있는데, 그것이 바로 이 책의 주된 주제이다. 그 다른 방법이란 오래전부터 알려져 있었던 것이지만 최근에 와서야 과학적 탐구의 대상이 되었다. 역사가 문서로 기록되기 전인 중세 시대에는 어떤 땅을 마을로 승인한다거나 권력자 집안들 사이의 혼인 혹은 협정 같은 중요한 일에 대한 기록을 남기려면 다른 방법을 모색해야 했다. 그런 목적을 달성하기 위해 7세 정도의 어린아이를 뽑아서 그 사건의 진행 과정을 주의 깊게 관찰하게끔 한 다음 그 아이를 강물에 던졌다가 건져 냈다. 이런 식으로 하면 그 사건에 대한 기록이 그 아이에게 각인되어서 일생 동안 유지된다는 생각이었다.

내가 중세의 이런 기억 보조술에 대해서 알게 된 것은 겨우 최근의 일이다. 하지만 그런 방법이 갖는 효과의 밑바탕에 있는 신경생물학적 과정을 내가 거의 반세기 동안 연구해 왔다. 이 책에서는 이 주제를 동물과 인간의 장기적인 기억이 어떻게 형성되는가라는 더 큰 맥락 안에서 다룬다. 기억의 토대가 되는 뇌 과정에 관한 연구 중에는 동물의 기억을 다루는 것이 많기 때문에 동물 기억의 복잡성을 보여 주는 중요한 연구 결과들을 좀 살펴볼 것이다. 동물의 기억 속에 들어 있을 내용이 비록 여러 가지 면에서 우리의 것과는 분명히 다르겠지만 동물의 기억 체계는 우리와 대단히 유사하다.

많은 실험실에서 나온 연구 결과에 따르면 서로 다른 유형의 기억에는 서로 다른 뇌 체계가 관여한다. 하지만 강물에 던져진 중세의 아이가 오래 지속되는 모든 유형의 기억을 가질 수 있게 만드는 무차별적 체계도 있다. 정서적 각성은 스트레스 호르몬들을 활성화시키는데, 이 호르몬들이 특정 뇌 체계를 자극한다. 그러면 이 뇌 체계가 최근에 습득된 정보가 다른 뇌 영역에서 응고화되는 것을 조절하게 된다. 약간의 스트레스는 오래 지속되는 기억을 만드는 데 유용하다. 하지만 강하고 오래 지속되는 기억을 갖는 것이 항상 좋은 것은 아니다. 다행히도 모든 기억이 동등하게 생성되지는 않는다. 사소한 경험과 충격적 경험에 대한 기억은 그 지속성이 서로 달라야 하고 실제로도 다르다. 심한 정서적 각성을 일으키는 경험은 외상후 스트레스 장애를 가져올 수 있다. 나아가서 놀랍도록 뛰어난 기억력을 가진 사람들이 인생에서 놀랍도록 실패한 삶을 산다는 강력한 증거가 있다. 기억 형성에서 선택성은 결정적으로 중요하다. 대부분의 경우 우리에게 내재된 신경생물학적 체계가 그런 필수적인 선택성을 자동적으로 제공한다. 경험에 대한 우리의 기억은 그 경험의 정서적 중요성에 직접 비례하는 경향이 있기 때문이다.

나는 일반인을 독자로 생각하고 이 책을 썼다. 가족, 친구, 이웃 혹은 동료들이 내게 물어 온 기억에 관한 질문들을 이 책은 다루고 있다. 그러므로 기억의 본질과 기초에 대해서 관심이 있는 사람이라면 누구에게나 이 책이 유익하고 유용하기를 바란다. 내가 이 책을 쓰게 된 동기가 무엇인가라는 질문을 받은 적이 많았다. 간단히 답하자면 스티븐 로즈Steven Rose가 내게 자신이 편집장을 맡고 있는 '마음의 지도Maps of the Mind'라는 시리즈에 들어갈 책을 한 권 써 달라고 요청해 왔기 때문이다. 이 일을 하도록 요청해 준 스티븐에게 감사한다. 또 달리 답하자면 그 요청에 쉽게 그러겠노라고 말할 수 있었기 때문이다. 왜냐하면 일반 대중을 대상으로 기억, 특히 감정과 기억에 관한 책을 쓴다는 일이 매력적인 도전으로 느껴졌기 때문이다. 이 기회를 통해 나는 기억 응고화에 관한 거의 반세기에 걸친 내 연구를 정리해 보고 그것을 다른 많은 실험실에서 나온 연구 결과들과 통합해 볼 수 있었다. 그래서 스트레스 호르몬과 뇌 체계가 어떻게 작용하여 우리의 개인적인 과거에 대한 오래 지속되는 기록을 만들어 내는지를 논의할 기회를 가질 수 있었다.

이 책에서 이야기된 연구 결과와 개념들에 특별히 중요한 기여를 한 과거와 현재의 내 학생들 및 연구 동료들에게 감사의 말을 전하고 싶다. 초고를 읽고 많은 조언을 해 준 노옴 와인버거Norm Weinberger, 래리 케이힐Larry Cahill, 이반 이즈키에르도Ivan Izquierdo, 그리고 어라이어 루턴버그Aryeh Routtenberg에게 감사한다. 각 장마다 여러 차례 수정을 거듭했는데, 이를 위한 초고를 인내심을 갖고 세심하게 준비해 준 낸시 콜레트Nancy Collett에게도 감사를 전한다. 마지막으로 역시 초고를 읽고 논평을 해 주었고 변함없이 용기를 준 내 아내 베키Becky에게도 고마운 마음을 전한다.

차 례

기억의 신비

나는 무대 뒤에 서서 지금 무대에서 연기하고 있는 동료들을 주의 깊게 바라보며 내가 무대에 등장할 단서가 되는 대사를 기다리고 있다. 그 대사가 들리자 나는 공포에 휩싸인다. 내 대사가 기억이 나질 않는다. 한 단어도 말이다. 이제 대사를 다시 학습하기에는 너무 늦었다. 내가 무대에 등장할 차례이다. 결국 내가 할 수 있는 최선의 일은 깨어나서 그 장면에서 빠져나오는 것이다. 그래서 나는 그렇게 한다. 이 꿈을 꿀 때마다 매번 나는 연극에서 내가 맡은 역할에 대해 난감하리만치 준비가 안 된 상태이다. 내가 무대에 등장하는 데 필요한 기억이 전혀 떠오르지 않는 것이다.

특히 이 꿈은 꽤나 이상하다. 어린 시절부터 대학원 시절까지 나는 연극, 밴드, 그리고 오케스트라에 많이 참여했는데, 내가 맡은 부분은 어찌 되었건 항상 배우고 기억할 수 있었다. 기억에 실패한 적이 없었다는 말이다. 대학 초년생 때 나는 연극과 음악을 전공했다. 어쩌면 그 시절에 느꼈던, 배우고 기억해야 한다는 강한 압력이 오랫동안 영향력을 발휘하여 오늘날까지도 나로 하여금 잠을 설치게 하고 기억의 작용에 지속적인 관심을 갖게 만들었는지도 모르겠다. 익혀야 할 새로운 대사들은 항상 있었고 리허설 도중에 장면이 수정되면 새로운 대사들을 또다시 익혀야 했다. 익히고, 기억하고, 결국에는 수행해야 할 새로운 파트가 항상 있었다. 다행히도 내 꿈속에서와는 달리 공연에 필요한 기억은 어떻게든 항상 남아 있었다. 내 꿈은 이상하기는 하지만 중요한 메시지를 전달한다. 즉 우리가 인간으로서 존재하기 위해서는 기억이 절대적으로 필요하다는 것이다. 기억이 없이는 우리는 무대에(뿐만 아니라 어디에라도) 등장할 수가 없고 심지어 그럴 상상조차 할 수 없다.

우리 모두는 어떤 식으로든 기억에 깊은 관심을 갖고 있다. 우리가 왜 망각을 하는지, 기억을 어떻게 향상시키고 기억의 쇠퇴를 어떻게 막을 수 있는지, 아니면 단순히 기억이 무엇이고 어떻게 작동하는지 등 알고 싶은 게 무엇이든지 간에 기억은 우리의 관심과 흥미를 대단히 끌어당기는 주제이다. 공연하는 사람들은 자기에게 왜 '무대 공포증'이 생기며 연기하거나 연주해야 할 것을 왜 잊어버리는지를 알고 싶어 한다. 교사와 부모들은 어린이의 학습과 그 결과물인 기억을 어떻게 향상시킬 수 있는지를 알고 싶어 한다. 커다란 심적 충격을 경험한 사람들은 그것을 망각하기를 간절히 바란다. 노인과 그 가족들은 기억 관련 질환의 징후와 결과에 대해 걱정을 한다. 때로 우리는 모두 왜 우리가 자동차 열쇠나 안경을 둔 곳을 기억하지 못하는지에 대해 궁금해한다. 또 지금 당장은 기억해 내지 못하는(하지만 분명 시간이 지나면 기억해 낼 수 있는) 무언가를 우리가 안다는 것을 어떻게 알고 있는지도 궁금해한다. 뇌력brainpower을 증강시키고 기억력을 향상시킨다고 주장하는 생약 성분의 건강보조제들로 넘쳐 나는 건강보조식품가게의 진열대를 보면 기억에 대한 우리의 관심과 걱정이 얼마나 대단한지를 뚜렷이 느낄 수 있다. 기억력이 쇠퇴해 가는(혹은 그렇다고 생각하는) 사람들을 치료할 효과적인 약물을 개발하려는 제약회사 및 생명공학회사들 사이의 치열한 경쟁을 보아도 역시 기억에 관한 매우 강한 흥미와 관심을 알 수 있다. 우리는 기억을 위해 기꺼이 돈을 지불하고 있는 것이다.

이는 놀라운 일이 아니다. 왜냐하면 기억은 분명히 돈을 낼 만한 가치가 있기 때문이다. 기억은 의심의 여지없이 우리의 가장 소중한 재산이자 가장 필수적인 능력이다. 사람이란 존재는 결국 따지고 보면 그의 기억 그 자체이다. 우리가 소유한 다른 모든 것들의 가치를 알 수 있게 해 주는 것이 바로 우리의 기억이다. 기억이 없다면 우리는 자신의 심장, 머리카락, 폐, 리비도, 애인, 적, 성취, 실패, 소득 혹은 소득세에 대해 걱정할 수 없을 것이다. 우리의 기억은 우리에게 자서전적 기록을 제공해 주어서 우리가 경험하는 다양한 것들을 이해하고 그에 적절히 반응할 수 있게 해 준다. 기억은 우리의 개인적 경험들을 이어 붙이는 '풀'이다. 우리는 순간순간의 삶을 산다. 바로 직전에 지나간 매 순간의 경험에 대한 기억이 현재의 순간적 경험과 융합되어 우리의 삶이 이음새 없이 연속적이라는 인상을 만들어 내는 것이다. 마치 영화에서 각각의 프레임이 모여서 움직이는 그림이 만들어지는 것처럼 말이다. 기억 덕분에 과거, 현재 그리고 미래의 통합이 가능해지는 것이다.

가장 일반적인 의미에서 기억은 어떤 경험의 지속적 결과이다. 하지만 볕에 탄 것, 물집, 그리고 굳은살에 대해서도 그와 똑같은 말을 할 수 있으니만큼 기억은 그것을 넘어서는 무언가임이 분명하다. 더 구체적으로 말하면 기억은 경험으로부터 무언가를 학습한 결과, 즉 새로운 정보 습득의 결과이다. 우리는 많은 종류의 정보를 학습하고 기억한다. 우리는 우리 삶의 구체적인 사건을 기억하며, 언제 또는 어디서 알게 되었는지도 모르는 사실을 기억하고, 자신이 가지고 있는지조차 몰랐던 기술을 수행한다. 예를 들어, 당신은 자전거라는 게 무엇인지 기억한다. 당신의 첫 번째 자전거와 그것을 타던 기억이 날 것이고, 아마도 언제 타다가 넘어졌는지도 기억날 것이다. 또한 당신은 자전거를 어떻게 타는지를 기억할 수 있을 것이다. 그리고 '기억'과 '자전거'라는 단어가 위의 문장들에서 여러 번 등장했다는 것 또한 분명히 기억할 것이다. 이러한 상이한 종류의 기억들, 즉 일반 상식, 개인적 사건에 대한 자서전적 기억, 기술, 그리고 최근 기억 등을 가능하게 하는 뇌 과정이 연구를 통해 밝혀지고 있다.[1] 우리의 일상 경험과 행동 안에는 이렇게 서로 다른 형태의 기억들이 공존하고 있다. 자전거를 타는 도중에(즉 기억에서 끄집어낸 기술을 사용하면서) 당신은 물론 '자전거'라는 단어가 기억나고 자전거에 관한 과거 경험이 생각날 수 있다. 당신은 또한 '자전거'에 관한 경험을 회상하는 것에 관한 이 부분을 읽었다는 기억이 날 수도 있다. 우리 뇌는 우리의 과거 경험들이 조합된 결과를 우리의 현재 경험과 함께 통합해서 사고와 행동을 만들어 내는 놀라운 능력을 지니고 있다. 우리 뇌가 어떻게 그런 일을 할 수 있는지는 최대의 과학적 신비 중 하나이다. 그렇지만 기억이 영원히 신비로운 일로만 남아 있지는 않을 것이다. 이 책에 나오는 연구 결과들은 이제 그 신비의 베일이 벗겨지고 있음을 분명하게 보여 준다.

하늘의 별과 마음속의 기억

우리가 갖고 있는 가장 소중한 능력인 기억이 과학적으로 연구되기 시작한 것은 겨우 100년이 좀 넘는다. 이에 반해 우리와 너무나 멀리 떨어져 있는 별과 행성은 몇백 년 이상 연구되어 왔다. 심리과학은 19세기 후반이나 되어서야 철학과 생리학으로부터 독립하기 시작했다. 학습과 기억에 대한 관심이 깊어지던 학부 고학년 시절, 나는 '철학 및 심리학과'의 학생이었다. 나는 이런 학과 명칭이, 기억 같은 정신과정이 과학적 연구의 대상으로 적절한가라는, 희미하지만 여전히 지속되고 있었던 회의를 반영하는 것이었다고 생각한다. 아마도 그런 주제들은 철학의 영역으로 남겨 두거나 적어도 판단을 보류하는 것이 나을 것이라고 생각되었던 것 같다. 먼 하늘에 있는 물체들에 대한 연구는 더 이상 철학의 통제를 받지 않아도 되었다. 천문학에겐 우주의 중심이 지구라는 기존의 결론을 거부할 자유가 생겼다. 인간 존재의 중심을 탐구하는 것은 이와는 전혀 다른 문제였고 지금까지도 어느 정도는 그러하다.

심리과학은 원래 정상 성인의 마음속 내용을 연구하는 것에서 시작하였다. 연구와 분석을 위해 내성(역주_내관이라고도 함), 즉 정신과정에 대한 자기 묘사가 사용되었다. 비판자들은 이에 대해 아주 적절한 비판을 했다. 이 방법이 과학적 분석의 주요 기준인 객관성이 없기 때문에 실패할 운명에 처해 있으며, 기술적記述的 분석은 실험 연구로 이어지지 않는다는 것이다. 이런 비판자들의 말은 물론 옳았다. 내성이라는 순전히 주관적인 방법은 기억을 과학적으로 연구하는 데 적절하지 않음이 분명하다. 어떤 객관적 증명 없이 나의 개인적 기억에 대한 내 주장이 타당한지 아닌지를 당신이 어떻게 알 수 있겠는가? 내가 링컨의 게티즈버그 연설을 들었던 기억이 난다(즉 내 마음속으로 회상하고 있다)거나 셰익스피어의 모든 연극을 글자 그대로 (또는 페이지 그대로) 기억할 수 있다고 그저 주장한다면 당신은 분명히 내 기억의 타당성을 의심할 것이다. 추측컨대, 심지어 당신은 내가 대학생 때 배웠던 연극 대사들 중 어느 한 줄이라도 기억하는지조차 의심할 것이다. 우리 모두가 아는 것처럼, 그리고 이 책에서 나중에 논의하겠지만, 우리의 기억은 완벽하지 않아서 틀리기 쉽다. '모든 거짓말쟁이들 중에서 가장 매끈하고 가장 그럴듯한 놈은 기억이다.' 라는 속담에는 상당한 근거가 있는 것이다. 따라서 기억을 연구하기 위해서는 천체를 연구할 때와 꼭 마찬가지로 객관적 분석이 필요하다. 다행히도, 내가 기억한다고 주장하는 것을 실제로 기억하는지를 알아낼 수 있는 객관적 방법들이 있다. 먼 하늘의 행성과 별들을 연구하는 객관적 방법이 있는 것과 마찬가지로 말이다.

카네기홀로 가는 길

'이곳에 있은 지 얼마 되지 않았지만 나는 세상 사람들이 그렇게나 존경하는 어떤 사람을 만나서 알게 된 것을 진정으로 감사하고 있네.'

이것은 내가 대학교 신입생 때 연극「파우스트」에서 맡았던 역할에서 기억나는 한 대사이다. 이 대사를 내가 정확하게 기억하고 있는지는 물론 그 희곡을 읽어 보면 알 수 있을 것이다. 그런 게 기억을 객관적으로 연구하는 한 방법이다. 그런데 이 대사가 사실은 그 희곡에 들어 있었던 게 전혀 아닐지도 모른다. 만약 이 대사가 정확하다면(솔직히, 그런지 아닌지를 내가 확인해 보지는 않았다) 이는 잘 학습된 정보는 기억이 잘 된다는 한 가지 증거가 될 것이다. 그렇지만 기껏해야 미약한 증거밖에는 되지 못할 것이다. 1885년에 출간된 독일의 심리학자 헤르만 에빙하우스Hermann Ebbinghaus의 선구적인 연구[2]는 기억을 실험을 통해 객관적으로 연구할 수 있음을 입증하려면 어떻게 해야 하는가를 최초로 보여 주었다. 에빙하우스는 자신을 피험자로 삼아 학습과 기억을 연구했다.

그는 학습할 내용이 이미 어느 정도 아는 것일 경우 나타날 친숙성의 효과를 최소화하기 위해 '무의미 철자'를 개발했다. 이는 독일어 단어가 아닌, 자음-모음-자음 형태의 세 글자 자극이었다. 그는 그런 무의미 철자들로 이루어진 목록들을, 그의 말에 따르면 '암송'할 수 있을 때까지 반복해서 학습했다. 그러고는 나중에 그 목록들을 재학습하는 데 필요한 반복 횟수가 얼마나 감소하는지를 측정함으로써 자신의 기억을 검사하였다.

카네기홀로 가는 복잡한 길을 가르쳐 주어 본 사람은 누구나 알고 있듯이, 세밀하고 정확하고 복잡한 정보와 기술을 잘 학습하려면 연습하고 연습하고 또 연습해야 한다. 에빙하우스는 잘 학습되지 못한 내용은 아주 빨리 망각된다는 것을 발견했기 때문에 분명히 이런 충고를 할 수 있었을 것이다. 그는 또한 학습 강도를 증가시키면 다음 날 검사한 기억의 강도도 증가하며 매일 재학습을 반복하면 그다음 날의 기억이 향상된다는 것을 발견했다. 이런 것들은 오늘날에는 별로 놀랄 만한 발견이 아니지만 당시에는 과학적 및 실용적 측면에서 대단히 중요한 발견이었다. 에빙하우스의 연구 결과는 기억 같은 정신기능이 객관적인 실험법으로는 연구될 수 없다는 당시의 통념을 영원히 잠재워 버렸다. 그의 선구적 연구는 기억 연구의 초석을 놓은 것이었다. 또한 교육학에서 효과적인 교수법을 탐색하는 초기 연구에 커다란 영향을 주었다. 시험을 위한 '벼락치기' 공부가 비효율적인 학습법이란 것은 당연한 이야기다. 이 정보 하나만도 기억을 더 잘하기를 원하는 사람에겐 중요한 것이다. 과학적 근거가 얼마나 있는가라는 측면에서 볼 때 에빙하우스의 결론은 건강보조식품가게에서 파는 생약 성분의 기억증진제 라벨에 적혀있는 의심스러운 효능보다 훨씬 더 나은 조언을 해 준다. 우리가 잘 학습하지 못한 것들을 잘 기억하기를 기대할 만한 이유가 어디에 있겠는가? 자신의 '기억력이 좋지 않다'고 주장하는 대부분의 사람들은 그저 설득력 없는 변명을 하고 있을 뿐인 것이다.

에빙하우스의 '암송할 만큼(여주_직역하면 '가슴으로') 학습했다learned by heart'는 말에 대해 한 마디 해야겠다. 물론 우리는 지금 그가 '가슴으로by heart'가 아니라 '뇌로by brain' 학습했음을 알고 있고, 그도 그 당시에 당연히 그렇게 알고 있었을 것이다. 그런데 그가 왜 '가슴으로'란 말을 썼는가는 이해할 수 있다. 왜냐하면 비록 하비Harvey가 심장heart이 단순히 피를 순환시키는 펌프일 뿐임을 보여 준 지 거의 4세기가 지났지만 우리는 아직도 기억의 구조에 대한 고대의 잘못된 가설에서 유래한 이 이상야릇한 표현을 쓰고 있기 때문이다. 기억에 대해서 아직도 알지 못하는 게 많기 때문에 우리가 뇌와 기억에 대한 잘못된 가설의 현대판을 당연히 갖고 있을 것이고 이는 앞으로 면밀한 연구와 과학적 합의에 의해서만 폐기될 수 있을 것이다.

중요성과 기억

'출렁거리는 바다 위에 날개와 동체의 조각들이 장난감처럼 둥둥 떠다니던 광경이 기억난다. 쓰레기처럼 되어 버린 화물과 옷가지들이 보였다. 그리고 형언할 수 없을 만큼 찢겨지고 토막 난 시체들을 본 기억이 난다. 거대한 재난은 기억에 각인되는 법이다.'[3]

강하고 오래 가는 기억을 만들어 내는 대단히 효과적인 방법이 반복법이기는 하지만 그게 유일한 방법은 아니다. 좋건 나쁘건 간에(둘 다일 수 있다) 심한 정서적 각성을 일으키는 경험은 기억 또한 잘 된다. 앞의 인용문에 나온 기억은 몇십 년 전에 일어났던 비행기 추락 사고에 관한 것이다. 이 사람이 그 비행기 추락 장면을 목격하기 일주일 이전이나 이후의 어느 날 일어났던 다른 사건들을 똑같이 잘 기억할 가능성은 거의 없다. 우리 모두에게는 정서적 각성이 동반되었던 경험에 대한 오래된 기억이 있다. 비행기 추락 장면을 목격할 때 일어나는 것만큼 강력한 정서적 각성이 필수적인 것은 아니다. 우리는 유쾌한 경험과 불쾌한 경험 둘 다를 기억한다. 복권에 당첨된 사람이나 노벨상을 받게 된 사람이 그 소식을 들었을 때 자기가 어디에서 무엇을 하고 있었는지를 기억한다는 건 확실하다. 우리는 칭찬이나 창피한 일들, 성공이나 실망스러운 일들, 결혼이나 이혼, 아기의 탄생이나 사람의 죽음, 생일이나 휴일, 그리고 뉴스에 나오는 중요한 사건들을 기억하는 경향이 있다. 미국인에게 911이란 더 이상 응급 상황에서 걸어야 할 단순한 전화번호가 아니다(역주_미국의 응급전화번호는 한국처럼 119가 아니라 911이다). 2001년 9월 11일에 일어났던 그 사건(역주_뉴욕의 월드 트레이드 센터에 비행기를 충돌시킨 테러를 가리킴)은 전 세계 몇백만 명의 사람들에게 평생 지속될 기억을 남겨 놓았다. 그런 기억은 쉽사리 희미해지는 종류가 아닌 게 분명하다.

왜 어떤 독특한 경험에 대한 기억은 오래 보존되는 반면에 다른, 아마도 대부분의, 기억들은 희미해지는 것일까? 정서적 각성을 일으키는 경험이 왜 다른 경험보다 더 잘 기억되는 것일까? 이것이 이 책에서 다루고 있는 중요한 질문이다. 하지만 이 질문과 함께 (기억에 대한 다른 모든 질문에서와 마찬가지로) 우리는 그런 더 강한 기억이 또한 정확하기도 하다는 증거가 있는지 살펴보아야 한다. 그렇다는 주장만 가지고서는 물론 실제로 그러하다는 증명이 될 수 없다. 증거가 필요한 것이다. 그리고 그런 종류의 기억이 강한 이유에 대한 논리적으로 가능한 대안적 설명들을 세심하게 검토할 필요가 있다. 예를 들면, 강렬한 정서적 경험은 대개 자주 회상된다. 따라서 그런 경험을 반복해서 회상하는 것이 그 기억의 지속성에 영향을 줄 가능성을 쉽게 배제할 수 없다. 즉 그런 독특한 경험의 경우에조차 '에빙하우스' 효과가 있을지도 모르는 것이다. 그러나 나중에 이야기하겠지만 정서적 각성을 일으키는 경험이 여러 번 회상되어야만 잘 기억되는 것은 아니라는 증거가 상당히 있다. 그런데 그런 경험을 잘 기억해야 할 필요가 실제로 있다. 정서적으로 중요한 사건을 기억하는 능력은 엄청난 적응적 가치를 지니고 있다. 위험하거나 혐오적인 상황은 기억해 두었다가 나중에 회피해야 할 필요가 있고, 성공 경험에 대한 기억은 미래의 성공을 이끌어 내는 데 도움이 되는 것이다. 인간과 동물에게 다행스러운 것은, 이 적응적 기능이 정서적 경험에 의해 활성화되는 호르몬계와 뇌 체계에 의해 자동적으로 제공된다는 사실이다. 이런 적응적 영향력이 발휘되게 하기 위해 에빙하우스의 연구 결과를 알아야 할 필요는 없는 것이다.

반복과 정서적 각성이 우리의 기억 형성에 상당한, 그리고 결정적인 영향을 줌에도 불구하고 일상생활의 경험에 대한 망각은 대개 어쩔 수 없이 일어난다. 그런데 우리가 일반적으로 망각에 대해 생각하는 바와는 달리 망각하는 능력 또한 중요하다. 대부분의 기억은 잘 간직되지 않는다. 우리는 보통 지난 달 어느 날 자동차 열쇠를 어디에 놓아 두었었는지 또는 지난 화요일 아침식사가 무엇이었는지 기억할 필요가 없다. 그리고 통상 기억하지도 않는다. 우리 생활의 사소한 것들에 대한 기억은 일반적으로 빨리 쇠퇴해 버린다. 비록 비행기 추락 장면을 목격하는 것 같은 극도로 충격적인 경험에 대한 기억이 강하고 오래 지속되기는 하지만 대개 그 자세한 사항까지도 지워지지 않는 것은 아니다.

그리고 아마도 대부분의 그런 경험들의 경우, 기억이 지워질 수 있어야 좋다. 엄청난 재난이 유발하는 '각인' 효과도 매일의 일상적 경험의 효과와 마찬가지로 시간이 지남에 따라 대개 쇠퇴한다. 그러나 끔찍한 외상적 기억의 경우에는 그 쇠퇴에 걸리는 시간이 여러 달, 여러 해, 또는 몇십 년일 수 있다.

신경생물학적 체계가 어떻게 기억을 생성해 내는지에 관해 우리가 알고 있는 것의 대부분이 동물을 사용한 기억 연구에서 나왔기 때문에 기억이 동물에게서 어떻게 연구되는지를 반드시 먼저 살펴보아야 한다. 동물이 자신의 과거 경험에 대해 무엇을 '알고' 있는지를 우리가 어떻게 밝혀내는지 알아야 할 필요가 있다. 이 작업은 다음의 사실들 때문에 복잡해지는데(그렇지만 더 흥미로워지기도 한다), 첫째로 기억에는 여러 가지 형태가 있다는 것이다. 그리고 둘째로 기억은 직접 관찰되는 게 아니라 행동으로부터 추론되는 것이기 때문에 동물로 하여금 무엇을 기억하는지(또는 망각했는지)에 관해 우리에게 알려 주도록 만들기가 쉽지 않다는 것이다. 이제 이 중요한 주제로 들어가 보자.

 미주

1. 상이한 형태의 기억뿐 아니라 그 신경생물학적 기초에 대한 증거가 다음의 여러 책에 나와 있다 : Schacter, Daniel L., *The Seven Sins of Memory,* Houghton Mifflin Company, Boston, 2001; Eichenbaum, H., and Cohen, N. L., *From Conditioning to Conscious Recollection: Memory Systems of the Brain,* Oxford University Press, New York, 2001, 2002; Bourtchouladze, R., *Memories Are Made of This,* Weidenfeld and Nicolson, London, 2002; Squire, Larry R. and Kandel, E. R., *Memory From Mind to Molecules,* Scientific American Library, New York, 1999; Dudai, Y., *Memory from A to Z,* Oxford University Press, Oxford, 2002.

2. Ebbinghaus, H., *Über das Gedächtnis*, Drucker and Humblat, Leipzig, 1885.
3. *LA Times*, 2 February 2000.

개, 고양이, 침팬지, 그리고 쥐 : 습관과 기억

우리의 기억은 여러 가지 형태로 존재한다. 윌리엄 제임스 William James는 눈을 떼기 힘들 만큼 흥미롭고 대단한 영향력을 지닌 1890년도의 저서 『심리학 원리Principles of Psychology』[1]에서 기억에 여러 가지 형태가 있다는 제안을 최초로 하였다. 그가 통찰한 다양한 형태의 기억은 심지어 오늘날까지도 많은 기억 연구의 초점이 되고 있다. 그는 어떤 경험에 즉각적으로 뒤따라 생기는 기억을 '일차 기억', 그 경험을 나중에 회상할 때의 기억을 '이차 기억'이라고 하여 구분하였다. 오늘날에는 최근 경험에 대한 기억을 가리켜 '단기 기억' 또는 '작업 기억'이라는 용어를 쓰고, 특정 사건에 대한 지속적인 명시적 기억(일화 기억) 혹은 사실에 대한 명시적인 일반적 지식(의미 기억)을 '장기 기억'이라고 한다.[2] 흥미로운 사실은 제임스가 습관, 즉 많은 연습을 통해 생기는 기억 결과물에 대해 논했다는 것이다. 그는 기억에 관한 장보다 앞서 습관이 단순히 학습된 반사일 뿐이라고 언급하면서 이렇게 썼다. "살아 있는 동물들을 볼 때 … 우리가 갖게 되는 첫인상 중의 하나는 … 그것들이 습관 덩어리라는 점이다. 행위가 습관이 되게 되면, 새로운 근육수축 각각을 정해진 순서대로 일어나게 자극하는 것은 사고나 지각이 아니라 바로 직전에 끝난 근육수축에서 유발된 감각이다."[3]

타자, 스키, 또는 운전을 배워 본 사람이라면 누구나 제임스의 말이 일반적으로 볼 때 적어도 부분적으로는 타당하다는 것을 안다. 복잡한 행위를 처음 하려면 방금 일어난 일에 대한 의식적 기억과 그다음에 무엇을 할지에 대한 계획이 필요하다. 많은 연습을 거치게 되면 그 복잡한 행위는 비교적 노력이 들지 않게 되고, 다른 생각을 하거나 다른 일을 하면서도 꽤 잘할 수 있게 된다. 우리가 알다시피 실제로 많은 운전자들이 고속도로에서 운전을 하면서 먹기도 하고 휴대전화로 통화도 하고 말을 듣지 않는 아이를 달래기도 하고 심지어 독서를 할 때도 있다. 물론 그러면서 운전을 꽤 잘할 수도 있지만 고속도로 상에서는 꽤 잘하는 것만으로는 안 된다.

개와 고양이의 습관(및 잊힌 기억)

습관에는 물론 기억이 필요하지만 습관은 여타 형태의 기억들과는 다르다. 습관이 기억의 다른 형태와 어떻게 다른지 그리고 그 차이의 기초가 무엇인지를 이해하려는 것이 최근의 많은 기억 연구에서 중요한 초점이 되고 있다. 그러나 19세기 말은 모든 학습을 반사 혹은 습관으로 취급하려는 노력이 집중되기 시작한 때였다. 기억은 다음 반세기 동안 대체로(이후에 내가 논의하겠지만 완전히는 아니다) 잊히거나 무시되거나 업신여겨졌다. 1960년대에조차 내가 학술지에 논문을 기고했을 때 학술지

편집장으로부터 '기억'이라는 용어를 '파지把持'로 대체하라는 주의를 받았다. 그 이유는 '기억'이라는 용어는 지나치게 유심론적이라서 과학 출판물에는 적절치 않은 것으로 간주되었기 때문이다. '기억'이라는 용어가 서서히 재등장하고 있기는 했지만 당시에는 여전히 무언가 구시대적이라는 약간의 수치스러운 느낌을 안고 있었다.

기억에 관한 최근의 연구를 이해하려면 그 역사를 조금은 알아야 한다. 학습 연구는 모두 개와 고양이에서 시작되었다. 러시아의 생리학자 I. P. 파블로프Pavlov는 19세기 말 개를 대상으로 '고전적 조건형성' 연구를 시작하였다.[4] 같은 시기에 미국의 심리학자 E. L. 손다이크Thorndike(윌리엄 제임스의 제자)는 고양이를 대상으로 '도구적' 습관 학습 연구를 시작하였다.[5] 이들과 그 이후의 많은 학자들이 동물을 대상으로 학습 연구를 한 까닭은 무엇이었을까? 19세기 러시아에서는 반사에 관한 연구와 이론의 전통이 풍부했고 이로부터 생리학 연구가 나왔다. 이런 전통 아래 교육을 받은 파블로프에게는 개의 조건반사 연구가 자신이 이전에 했었고 노벨상을 받았던 연구인 반사적인 소화 과정에 관한 연구와 이어지는 자연스러운 결과였다. 미국에서는 동물 학습 연구의 동기가 된 것이 이와 매우 달랐다. 즉 그때까지도 떠돌고 있던 19세기의 내성적 유심론이라는 유령을 퇴치해야만 했기 때문이다. 바로 그 일을 하기에 적절한 수단이 '행동주의'라고 불리게 된 행동에 관한 연구와 동물을 실험 대상으로 사용하는 것이라고 당시에는 생각되었다. 개나 고양이에게 무엇을 기억하는지 물어볼 수는 있지만 **직접적인 답은** 분명 기대할 수 없다. 하지만 순전히 행동적인 반응을 사용함으로써 학습 및 학습된 행동의 파지(내가 '기억'이라는 용어를 사용하지 않았음을 주목하라)를 객관적으로 연구할 수 있다. '행동주의'에서는 유심론적 색채나

의인화로 인한 오염을 막기 위해서 고양이와 개가 말을 할 수 없는 것이 도움이 되다 못해 필수적일 수도 있다. 이는 불을 켜면 무언가 흥미로운 것을 발견하게 될까 두려워 불을 끄는 것과 좀 비슷하다고 회의론자는 말할지도 모르겠다. 에빙하우스가 사람에게서 학습과 기억을 객관적으로(즉 의식과 무관하게) 연구할 수 있음을 이미 보여 주었음에도 불구하고 동물 학습 연구는 20세기 초반에 빠른 속도로 무대 한가운데에 서게 되었다. 학습에 대한 파블로프식 접근과 손다이크식 접근은 아주 빠르게 받아들여져 확고하게 자리를 잡았다. 이후에도 언급하겠지만 이는 어떻게 보면 다행스러운 일이었다. 왜냐하면 학습과 기억의 신경생물학 연구에서는 실험동물이 광범위하게 사용되며 오늘날 이루어지는 많은 실험이 파블로프와 손다이크가 개발한 것과 같은 종류의 훈련 절차를 사용하기 때문이다.

파블로프와 손다이크는 학습에서 객관적 측정을 사용한다는 점에서는 유사했지만 접근법, 절차 및 이론적 해석에 있어서는 많이 달랐다. 파블로프의 절차는 워낙 유명해서 만화에도 아주 흔히 등장한다. 하지만 그런 만화들은 당연히 실험 절차나 연구 결과의 핵심적인 성질을 명확하게 묘사하지 못한다. 어쨌거나 만화는 만화일 뿐이다. 전형적인 파블로프의 실험에서는 개를 고정대에 묶어 둔 채로 까만 사각형 같은 자극을 개에게 제시한 다음에 먹이를 주었다. 먹이는 침 분비라는 학습되지 않은, 즉 '무조건적인' 반응을 일으켰다. 몇 번 이런 짝짓기를 해 주면 이전에는 중성 자극이었던 것이 '조건자극', 다시 말하면 음식(즉 '무조건자극')에 대한 신호가 되었다. 따라서 두 자극의 연합을 거치면서 개는 까만 사각형이 제시되면 침을 흘리게 되었다. 개의 이런 반응은 한 자극이 다른 자극을 신호한다는 점을 개가 학습했음을 아주 명확히 보여 주는 것이었다. 파블로프의 조수 중 한 사람(스나르스키Snarsky)은 처음에 그런 결과를 개의 '…심적 활동의 증거라고 해석했으며 동물의 사고, 욕망 및 감정을 고려해야 한다고 주장했다. (그는) 현상에 대한 그의 주관적이고 의인화된 해석을 완강하게 고집했으며 결국 파블로프의 실험실을 떠나야 했다.'[6]

스나르스키에게는(어쩌면 우리 모두에게도 마찬가지로) 불행한 일이었지만 파블로프는 그와는 매우 다른 결론에 도달했다. 파블로프는 조건반사에 대해서 다음과 같이 말했다.

> …(조건반사는) 훈련, 규율, 교육, 습관 같은 이름 아래 우리 자신이나 동물에게서 나타나는 것이다. 이것들은 개체가 살아가는 과정에서 확립되는 연결, 즉 명확한 외적 자극과 그에 대응하는 반응 사이의 연결에 불과하다. 따라서 조건반사는 생리학자에게 신경 활동의 꽤 많은 부분(어쩌면 그 전체)에 대한 연구의 문을 열어 준다.[7]

우리는 조건형성이 단순한 습관 형성이라는 파블로프의 관점이 지나치게 단순화된 것임을 지금은 알고 있다. 앞으로 살펴보겠지만 솔직히 그런 관점은 틀린 것이었다. 하지만 그것이 과거뿐 아니라 현재의 학습 이론과 연구에 미친 영향은 지대한 것이어서 아무리 과장해도 지나치지 않다. 나아가 조건반사를 통해 신경계에 대한 연구, 특히 학습에 관여하는 신경 과정의 연구를 할 수 있을 것이라는 파블로프의 생각은 충분히 확인을 받았다.

고양이를 기르는 사람이라면 고양이를 훈련하는 데 파블로프의 절차를 사용한다는 게 상상하기 어려운 일일 것이다. 고양이를 고정대에 묶기란 고양이 떼를 몰고 다니는 것만큼이나 힘든 일이다. 그러므로 손다이크가 파블로프와는 다른 훈련 절차를 사용한 것이 별로 놀랄 일은 아니다. 손다이크는 고양이가 들어 있는 장 옆에 우유 한 그릇을 놓아두고 고양이가 특정한 행동을 할 때에만 장에서 나와서 우유를 먹을 수 있게 하는 방법으로 훈련을 시켰다. 여기서 특정한 행동이란 걸쇠를 누르거나 끈을 잡아당기는 등의 행동이었다. 고양이의 행동이 보상을 얻는 도구가 되므로 이 훈련 절차가 '도구적 학습'이라 불리게 되었다. 손다이크는 올바른 반응의 결과(즉 보상)가 자극 상황과 임의로 나온 반응 사이의 연결을 직접적이고 자동적으로 강화시키는 작용을 한다고 해석했다. 다시 말하면 그는 보상이 자극-반응(S-R) 연결을 강화시킴으로써 습관을 형성시킨다는 결론을 내렸다. 손다이크는 이것을 '효과의 법칙'이라고 불렀다. 손다이크의 연구 결과와 결론을 파블로프는 알고 있었다. 파블로프는 조건형성이 자극 간 연합(즉 S-S 학습)의 결과라고 했으며 보상(음식)은 무조건반응(타액 분비)을 일으키는 역할을 한다고 주장했으므로 손다이크의 결론과는 대조된다. 하지만 두 사람 모두 훈련이 습관을 생성한다고 생각했다. 두 사람 다 정확하게 그렇게 말한 바는 없지만 파블로프와 손다이크에게 습관은 훈련이 만들어 낸 기억 그 자체였다. 제임스와는 달리 파블로프와 손다이크는 저서에서 '기억'에 관한 장을 따로 쓰지 않았는데, 왜냐하면 그들의 이론적 관점에서는 그럴 필요가 없었기 때문이다. 기억이란 것은 사라지고 말았다. 학습을 설명하는 데는 습관만으로도 충분했던 것이다.

어떤 단순한 학습된 행동이 실제로 반사적인 습관으로 구성되어 있다고 잠시 가정해 보자. 그렇다면 단순 반사보다 더 복잡해 보이는 학습(당연히 대부분의 학습이 여기에 속한다)은 어떨까? 미국의 심리학자 존 B. 왓슨John B. Watson은 이에 대해 아주 극단적인 입장을 가졌던 사람으로 복잡한 습관은 단순 반사의 단순한 연쇄라고 주장했다.[8] 예를 들어 그는 사고란 단지 암묵적 발화에 지나지 않으며 후두 근육을 연구하면 분석할 수 있다고 생각했다. 이런 입장은 [구문(構文)이라는 중요하고 복잡한 문제는 빼놓고라도] 언어로 이루어지지 않은 기억이나 말로 표현할 수 없는 기억을 설명하는 데는 큰 문제가 있을 것이다. 하지만 그런 문제점에도 불구하고 당시 왓슨식 행동주의에 경도된 사람들은 크게 개의치 않았다. 반면 회의론자들(회의론자가 많았다)은 왓슨의 이론에 대해 '근육 수축주의'라고 비아냥거렸다.[9]

습관을 학습의 단위로 보는 관점은 클라크 헐Clark Hull의 연구에서 정점에 달했다. 그의 연구는 막강한 영향력을 행사했는데, 1943년도 저서 『행동의 원리Principles of Behavior』[10]에서 그는 수십 년에 걸친 자신의 연구(주로 쥐의 습관 학습에 관한)를 요약하여 공식화된 이론으로 제시했다. 이는 대단한 작업이었다. 서문에 그는 다음과 같이 썼다.

> …이 책은 행동의 일차적인, 즉 근본적인 대단위 원리들molar principles을 제시하고자 한다. 이 책이 전제하고 있는 것은 다음과 같다. 행동은 개별적이건 사회적이건, 도덕적이건 비도덕적이건, 정상적이건 정신병리적이건 모두 똑같은 일차적인 법칙으로부터 생성되어 나온다. 그리고 행동의 객관적 표현상의 차이는 습관이 형성되고 기능하는 조건이 다르기 때문이다.[11]

헐의 책은 어떤 장의 부제목에서도 나타나 있듯이 '의인화식 주관주의에 대한 예방책의 제안'[12]을 목표로 하고 있었다. 헐의 관점에서는 19세기의 유령이 진짜이건 상상이건 간에 아직 퇴치되지 않았으며, 따라서 헐은 그 일을 마무리 짓는 것이 자신의 할 일이라고 생각했다. 본질적으로 그의 이론은 파블로프와 손다이크의 관점을 합친 것이었다.

S-R 습관이 보상의 강화 효과에 바탕을 두고 있으며(즉 효과의 법칙), 모든 학습된 행동은 그와 같은 S-R 습관으로 구성되어 있다고 주장했다는 점에서 그러하다. 따라서 헐의 이론에도 기억이라는 개념의 필요성이나 그것을 위한 자리는 없었다.

침팬지와 쥐가 가진 기억

S-R 습관이 학습된 행동에 대한 충분한 설명이 될까? 1950년대 중반 캘리포니아 대학교 버클리 캠퍼스의 심리학과 대학원생들은 매년 당시의 이론을 풍자하는 코미디 뮤지컬을 제작했다. 기억에 남아 있는(적어도 내게는) 우리의 작품 중 하나는 I've been working on the railroad라는 곡에 다음과 같은 가사를 붙인 노래였다.

> 난 S-R 이론 같이 눈에 보이는 걸 믿어.
> 자극과 반응이면 내겐 아주 충분해.
> 지각은 잊어버려, 기억은 없어도 상관없어.
> S-R로 말할 수 없다면, 그건 존재하지 않는 거야.

S-R 이론은 수십 년 동안 큰 호응을 얻기는 했지만 그에 전혀 들어맞지 않는 당혹스러운 연구 결과가 점점 많이 나오면서 위기를 맞게 되었다. 파블로프와 손다이크의 영향력이 절정에 달했을 즈음에 독일의 심리학자 볼프강 퀼러Wolfgang Köhler는 침팬지를 대상으로 한 학습 연구에서 시행착오적 습관 학습을 보여 주는 증거를 전혀 얻지 못했다.[13] 그보다는 통찰 학습을 보여 주는 증거를 보았다. 침팬지를 상자들이 흩어져 있는 우리 안에 넣고 천장에 바나나를 매달아 두면 침팬지는 바나

나를 따려고 상자들을 모아서 쌓아 올렸다. 우리 바닥에 막대기들을 흩어 놓고 바나나를 우리 바깥에 두면 침팬지들은 막대기로 바나나를 끌어오려고 하였다. 바나나가 막대기 하나로 닿지 않을 만큼 멀리 떨어져 있으면 심지어 막대기를 이어 붙이려는 시도를 하기도 했다. 이 동물들은 물체들 사이의 관계를 이해하고 그 정보(즉 기억)를 이용하여 문제를 해결하는 방식으로 학습하는 것처럼 보였다. 이는 분명히 '효과의 법칙'에 어긋나는 일이었다. 왜냐하면 보상이 주어지기 전에 학습이 일어났기 때문이다.

게다가 파블로프식 조건반응과 도구적 조건반응이 단순히 반사에 기초한 습관이 아님을 보여 주는 증거가 점점 더 많아졌다. 예를 들어 뇌 과정과 기억에 대한 연구의 선구자 칼 래쉴리Karl Lashley(대단히 흥미롭게도 그는 존 B. 왓슨의 제자이다)는 복잡한 학습이 조건반응의 연쇄로 이루어져 있다는 왓슨의 이론을 직접 시험하여 심각한 타격을 입혔다.[14] 래쉴리는 미로에서 쥐들을 훈련시킨 다음, 운동 통제에 중요한 뇌 부위인 소뇌에 큰 손상을 입혔다. 비록 소뇌 손상으로 인해 쥐들은 제대로 걷지 못하게 되었지만 미로에 대한 기억이 파괴되지는 않았다. 이 쥐들은 이리저리 비틀거리며 미로의 올바른 길을 찾아갈 수 있었다. 심지어 뒹굴면서 길을 찾아가는 쥐들도 있었다. 쥐의 미로 학습이 단순히 S-R 반사들의 연쇄로 이루어진 것은 아님이 분명했다.

파블로프식 조건형성(역주_고전적 조건형성의 다른 이름)이 단순히 학습된 반사로 이루어진다는 관점에 이의를 제기한 실험은 그 외에도 많다. 파블로프의 실험실에서 이루어진 대부분의 실험에서 개는 고정대에 묶인 상태에서 '조건형성'되고 검사를 받았다. 한번은 먹이(침 분비 반응을 일으키는)로 훈련을 받았던 개가 고정대에서 풀린 적이 있었다. 조건형성 신

호가 제시되자 '개는 당장 고정대로 달려가서 꼬리를 흔들고 그 위로
뛰어오르려 하고 짖기도 했다… 다시 말하면 그 개는 먹을 것을 달라고
할 때 … 나타나는 … 전체적인 행동 패턴 체계를 최대한 분명하게 보
여 주고 있었다… 그런 고전적 실험에서 조건형성되는 것은 사실 이 전
체 체계인 것이다.'[15]

또 다른 고전적 조건형성 실험(파블로프의 실험실에서 수행된 것은 아닌)에
서는 양을 고정대에 묶고는 어떤 신호를 주고 앞다리에 전기충격을 가
하여 다리를 구부리게 훈련시켰다. 잘 훈련된 이 양은 그 신호가 주어
지면 앞다리를 구부리는 반응을 하게 되었다. 그런데 이 양을 등이 바
닥에 닿게 눕혀 놓고 그 신호를 제시하자 대단히 흥미롭게도 아주 다른
반응이 나왔다. 즉 '…앞다리 구부리기는 일어나지 않았다. 대신에 네
다리가 모두 **뻣뻣하게** 펴졌고 그 양은 머리를 들려고 했다.'[16] 이 양의
잘 확립된 '반사 습관'이 어디로 간 것일까라는 의문이 당연히 생기게
된다. 그 습관은 어디론가 사라졌지만 그 신호의 의미에 대한 그 양의
기억은 사라지지 않았다.

1920년대에 시작해서 1950년대까지 줄곧 미국의 심리학자 에드워
드 톨먼Edward Tolman은 S-R 습관 학습 이론에 반대하는 대반란을 주
도했다. 톨먼은 반사 습관 학습에 대한 증거가 별로, 아니 거의 없다고
생각했다. 톨먼은 『동물과 사람의 목적성 행동Purposive Behavior in
Animals and Men』(1932, 참고문헌 9를 보라)이라는 도발적인 제목의 책을 썼
다. 이 책에서 그는 쥐조차도 외현적 지식(즉 인지)을 획득하고 이를 융통
성 있게(반사적으로가 아니라) 그리고 목적에 맞게 사용한다고 썼다. 그도
역시 내성주의에 강하게 반대하는 행동주의자였다. 따라서 인지나 목
적이라는 개념은 의인화 내성(역주_동물을 사람처럼 취급하여 동물의 마음을 들
여다보는 것)에서 나온 것이 아니라 쥐의 행동을 객관적으로 관찰한 데서

추론된 것이었다. 그는 학습된 행동의 분석은 반사가 아니라 '몰 단위 행위molar acts'에 초점을 두어야 한다고 주장했다. (역주_화학에서 사용되는 계량 단위인 몰mole의 개념을 학습심리학에서 차용하고 있다. 어떤 물질입자가 아보가드로의 수만큼 있을 때 이를 1몰이라고 부른다. 왓슨식 행동주의는 예컨대 미로에서 동물이 학습하는 것은 일련의 반사 행동의 연쇄라고 보는데, 그런 각각의 반사 행동을 분자 단위 행동molecular behavior이라 할 수 있다. 반면에 톨먼은 미로에서 동물은 먹이가 공간상 어느 지점에 있다는 사실을 학습한다고 본다. 따라서 동물은 달려서, 기어서, 굴러서, 또는 미로에 물이 차 있으면 심지어 수영을 해서 그곳에 도달할 수도 있다. 여기서 '행동'은 실제로 어떤 근육 반응을 통하든지 상관없이 먹이가 있는 목표 지점으로 가는 것을 가리키며 이런 식의 '행동'을 몰 단위 행동이라 한다.) 톨먼에 따르면,

> 쥐가 미로를 달린다, 고양이가 문제 상자에서 빠져나온다, 직장인이
> 저녁을 먹으려고 차를 몰고 집으로 간다, 어린이가 낯선 사람을 피해
> 숨는다, ⋯ 심리학자가 무의미 철자 목록을 암송한다, ⋯ 이런 것들이
> 행동이다 ⋯ 그리고 반드시 지적해야 할 사실은, 이런 행동들을 이야
> 기할 때 우리는, 고백하자면 부끄러운 일이지만 대부분의 사람들이
> 이미 알고 있는 사실, 즉 정확히 어느 근육과 분비선, 감각신경 및 운
> 동신경이 관여하는지에 대해서는 아무런 언급도 하지 않았다.[17] (역주
> _ '부끄러운 일'이라는 말은 반어적으로 쓴 것임.)

톨먼과 그의 제자들은 학습에 대한 S-R 관점에 직접 도전하는 실험을 통해 미로 학습에 보상이 필요 없음을 보여 주었다. 그가 했던 '잠재 학습'이라는 고전적인 연구에서는 쥐를 미로에 넣고 무보상 훈련 시행들을 매일 실시했다. 며칠에 걸쳐서 훈련시켜도 오류(막다른 골목으로 들어가는 짓)는 줄어들지 않았다. 즉 쥐들의 수행을 보면 학습이 일어났다는 증거가 없었다. 그렇지만 분명히 이 쥐들은 무보상 훈련 시행에서

정보를 학습하여 기억하고 있었다. 이후에 이 쥐들에게 훈련 시행마다 먹이로 보상을 주면 수행이 즉각 향상되어 처음부터 매일 훈련 시행마다 보상을 받았던 쥐들만큼 잘했기 때문이다. 이 연구 결과들은 '효과의 법칙'에 위배되는 것이었으며, 궁극적으로는(다시 말해 수십 년 뒤에) 그 법칙과 헐식 심리학의 몰락을 가져왔다. 비록 보상이 인간 및 기타 동물이 무엇을 하는가에 영향을 미칠 수는 있지만, 이제 분명한 것은 보상이 S-R 연결을 자동적으로 강하게 만드는 것은 아니라는 사실이다. 따라서 '효과의 법칙'은 이제 낡은 것이어서 박물관에나 가야 할, 흥미롭긴 하나 실패작인 역사적 유물이다. 현대의 학습 및 기억 이론 어디에도 그것이 속하지 않는다는 점만은 확실하다.

행동의 본질과 원인에 대한 19세기 말과 20세기 초의 생각과 이론은 당시의 문화, 과학 및 기술 분야에서 일어난 발전에 큰 영향을 받았다. 특정 행위를 하도록 미리 프로그램된 인형이나 기계 장난감(로봇)은 흔히 볼 수 있는 것들이었다. 전선의 연결과 차단을 통해 전보나 전화로 원거리 통신을 할 수 있게 되었다. 공중으로 쏘아 올린 포탄의 궤적을 미리 계산해서 알 수 있게 되었다. 예를 들어 헐은 '… 행동하는 유기체를 우리와는 전혀 다른 재질로 만들어졌을 수도 있는 완벽한 자급자족형 로봇으로 간주하는 것이 … (그리고) … 진정한 자급자족형 로봇을 디자인하기 위해 풀어야 할 행동 역학의 여러 가지 일반적 문제를 숙고해 보는 것'[18]이 도움이 된다고 말했다. 목적을 가진, 목표지향적인 기계라는 개념은, 하긴, 당시엔 생각하기 힘들었다. 오늘날에는 그렇지 않다. 우리 주변에는 미리 설정된 값을 기준으로 활동을 변화시킨다는 의미에서 목표지향적이라 부를 수 있는 장치가 많다. 현대의 미사일은 유도미사일이다. 컴퓨터는 원래 탄도체의 궤적을 계산하기 위해 개발된 것이다. 그런데 역설적이게도 그런 컴퓨터가 우리의 현대식 장비들이 변화하는 상황에 따라 융통성 있게 그리고 특정한 결과를 내도록 반응할 수 있게 만든다. 그런 면에서 컴퓨터는 거의 무한한 능력을 갖고 있다. 기계가 목표지향적으로 작동할 수 있다면 물론 개, 고양이, 침팬지 및 인간 또한 그렇게 할 수 있다는 결론을 내려도 아무 문제가 없을 것이다. 목표지향적 행동 능력에는 분명히 기억이 필요하다. 습관은 그런 능력의 바탕이 될 수 없기 때문이다.

이 시점에서 고백할 것이 있다. 나는 톨먼에게서 배운 학생(그런 학생들을 때로는 '톨머니안Tolmanian'으로, 또 가끔은 '톨먼 마니아Tolmaniac'라고 부른다)이었으며, 그의 강의 조교로도 일했다. 정통 뉴잉글랜드 출신 신사였던 그는 수업시간에 학습에 관한 당시의 이론에 관해 논의할 때 공정하면서도 차분했다. 하지만 한번은 강의 중 S-R 이론의 한계에 대해 이야기하면서 다음과 같은 지적을 했다. 즉 S와 R 사이에 유기체의 중요한 인지적 과정이 개입하고 있으므로 최소한 'O'(유기체를 뜻하는 organism에서 따옴)는 중간에 넣어야 한다. 나아가서 실제로 일어나는 일은 근육수축 반응이 아니라 행동이므로 'R'은 행동을 뜻하는 behavior의 첫 글자 'B'로 바꾸어야 한다. 그러고는 그는 씨익 웃으면서(그리고 뉴잉글랜드 출신인 고로 분명히 약간의 죄책감도 느끼며) S-R 이론을 'SOB' 이론이라고 불렀다. (역주_SOB는 son of a bitch를 줄인 말, 즉 욕이다.)

학습에 관한 논의에서 파블로프는 대개 손다이크와 연관된다. 학습이 반사적 습관들로 구성된다고 보았기 때문이다. 하지만 돌이켜 보면 파블로프는 톨먼과 관련짓는 것이 더 적절하다. 왜냐하면 파블로프처럼 톨먼은 학습이 자극들 간의 연합 형성으로 이루어진다고 주장했기 때문이다. 이는 곧 S-S 학습이, 다시 말해 톨먼의 용어로는 '무엇이 무엇으로 이어지는가'에 대한 학습이 일어난다는 것이다. 파블로프식 학습에 대해 아직도 널리 퍼져 있는 대중적인 관점은 어떤 중성 자극이 무조건자극(즉 이미 특정한 반응을 일으키는 자극)과 짝지어지고 나면 그런 똑같은 반응을 일으킨다는 것이다. 하지만 로버트 레스콜라Robert Rescorla가 한 논문의 제목에서 말하고 있듯이 「파블로프식 조건형성, 그것은 당신이 생각하는 그런 것이 아니다」. 조건형성은 단순히 어떤 반응이 한 자극에서 또 다른 자극으로 옮겨 가는 것도 아니고 단순히 중성적인 사건과 중요한 사건 간의 관계를 학습하는 것도 아니다. 조건형성이란 '…환경 내의 사건들 사이의 관계에 노출된 결과로 생겨나는 학습이다. 유기체가 자기가 속한 세계의 구조를 표상하는 일차적인 수단이 그러한 학습이다.' [19]

마이클 데이비스Michael Davis와 그의 동료들[20]은 '공포로 증강된 놀람 반사' 연구를 했는데, 그중 한 흥미로운 실험의 결과는 파블로프식 조건형성의 예언적 결과를 뚜렷하게 보여 준다. 처음에 쥐들은 불빛이 위험의 신호임을 학습했다. 구체적으로 말하자면, 불빛에 뒤이어 발에 전기충격이 주어지는데, 불빛과 전기충격 간의 지연 시간이 집단마다 달라서 몇천 분의 1초에서 1분이 조금 못 미치는 경우까지 다양했다. 며칠 후 불빛을 제시한 다음(전기충격은 주지 않는다) 큰 소리를 제시했는데, 불빛과 큰 소리 사이의 지연 시간은 여러 가지로 달랐다. 이 큰 소리에 동물은 깜짝 놀라는 반응을 일으키는데, 그 놀람 반사의 크기를 측정하였다. 모든 집단의 쥐들은 큰 소리에 놀람 반사를 나타냈는데, 그 놀람 반사의 정도는 쥐가 이전에 경험한 불빛-전기충격 사이의 지연 시간과 똑같은 시간이 지연된 후 큰 소리가 제시되었을 때 가장 컸다. 놀랍게도 불빛과 전기충격을 1분의 지연 시간을 두고 단 한 번만 짝지었을 경우에도 쥐들은 불빛을 켜 주고 **똑같은** 지연 시간 후 큰 소리를 제시했을 때 최대한의 놀람 반사를 나타냈다. 쥐들은 불빛이 전기충격을 **예보한다**(무엇이 무엇으로 이어진다)는 것뿐만 아니라 **언제** 전기충격이 올 것인지도 학습했던 것이다. 따라서 쥐들은 사건들을 단 한 번만 경험하고도 그것들 사이의 관계에 대해서 많은 것을 기억했다. 여기에 덧붙여 '감각 사전조건형성'에 대한 연구는 서로 연합되는 자극이나 사건들이 특별한 의미를 가진 것이 아니어도 됨을 보여 주었다. 소리와 불빛을 연합시킨 다음, 조건형성 실험에서 그 불빛을 조건자극으로 만들면 그로 인해 그 소리 또한 조건반응을 유발하게 된다. 불빛과 소리를 단순히 몇 번만 짝지어도 그러한 감각 사전조건형성이라는 학습이 일어나기에 충분하다.

물론 우리 모두가 알다시피 꼭 특정 훈련을 받아야만 학습이 일어나는 것은 아니다. 단순히 관찰을 통해서도 많은 학습이 일어난다. 아이들이 관찰을 통해 학습을 함은 분명하다. '원숭이는 모방의 천재'라는 표현이 인정하고 있듯이 다른 동물들 또한 관찰을 통해 학습을 한다. 이런 결론은 쥐, 고양이, 원숭이를 대상으로 한 관찰 학습에 대한 많은 연구에서 확인된 바 있다. 세상에 대한 우리의 표상은 기억으로 이루어져 있다. 특별한 훈련을 받거나 단순히 관찰을 통해 학습을 하거나 간에 우리는 어떤 일이 다른 일에 뒤따른다는 경험을 통해 사건을 기대하거나 예상하게 된다(톨먼의 '무엇이 무엇으로 이어지는가'란 말을 상기해 보라). 커피 냄새는 그 맛을 예상하게 하고 아마도 아침 식사도 기대하게 만든다. 코르크 마개가 터지는 소리는 샴페인 거품의 맛과 축하 분위기를 예상하게 한다. 자동차 백미러로 보이는 번쩍이는 파란색과 빨간색 불빛은 반갑잖은 결과를 예상케 한다. 각 사건에 대한 우리의 반응은 우리가 무엇을 기대하거나 예상하는가에 따라 달라진다. 그리고 물론 우리의 예상과 기대는 과거 사건에 대한 우리의 기억에 바탕을 두고 있다.

기억과 습관을 다시 살펴보면…

개, 고양이, 침팬지, 쥐 그리고 사람이 사건들 사이의 복잡한 관계를 학습하고 기억한다고 해서 이들이 습관을 학습하지 않는다는 뜻은 아니다. 물론 습관을 학습한다. 그리고 앞으로 논의하겠지만 습관과 외현 기억(윌리엄 제임스의 표현을 빌자면 '진정한 기억')은 동시에 습득된다. 그러나 먼저 '습관'이라는 용어가 무엇을 의미하는지 살펴볼 필요가 있다. (역주_외현 기억은 우리가 의식하고 표현할 수 있는 기억으로서 이것과 암묵 기억의 구분에 대해서는 제3장을 보라.)

나는 컴퓨터를 사용하는 습관, 신발을 신는 습관 그리고 운전을 하는 습관이 있다. 또한 나는 하루에 세 번 식사를 하고 밤에 잠을 자는 습관이 있다. 내가 말한 것 중 학습되고 인출된 특정 운동을 가리키는 것은 하나도 없다. 따라서 이것들은 S-R 습관은 분명히 아니며, 단순히 내가 많이 하는 경향이 있는 일들이다. 이제부터 문제가 까다로워진다. 나는 또 클라리넷을 연주하는 습관이 있다. 여기서 '습관'이라는 말에는 두 가지 매우 다른 뜻이 있을 수 있다. 첫째, 나는 가끔 클라리넷을 연주하는 습관이 있다. 둘째, 나는 아주 특정한 방식으로 클라리넷을 연주한다. 연주되는 음악과 함께 내 반응(숨쉬기, 불기, 팔과 손과 손가락 움직이기)은 순간순간 달라지지만, 사용되는 반응 연쇄는 내가 과거에 연습하면서 배웠던 것을 기초로 하고 있다. 물론 나는 내가 연주하는 음악에 대한 외현 기억을 갖고 있다. 연주되고 있는 그 음악에 대한 기억은 학습되고 인출된 **유연한 기술**로 이루어져 있는 것이지 아주 특정한 개개의 운동 반응으로 이루어진 것이 아니다.

컴퓨터 키보드를 사용하는 습관이 있는 사람들은 대부분 아주 특정한 방식으로 타이핑을 한다. 그리고 그 방식을 의식적으로 알지도 명백하게 기억하지도 못할 수 있다. 예컨대 당신은 어느 손가락으로 'ó'나 'v'를 타이핑하는가? '습관'과 '기억'이라는 단어를 타이핑할 땐 어느 손가락들을 어떤 순서로 쓰는가? 이것들은 학습되고 인출된 습관적 반응이지만 여전히 매우 유연하다. 어찌 되었건 'ó'나 'v'를 치는 것은 그 앞에 무슨 글자가 오는가에 상관없이 가능하다. 그리고 이들 글자 하나하나를 칠 때마다 일어나는 각기 다른 운동은 바로 그 앞에 친 글자들이 필요로 하는 운동에 따라 달라진다. 따라서 타이핑이라는 기술조차도 아주 유연한 기술이어서 매우 특정적인 S-R 반사 습관의 습득으로는 설명할 수가 없다. 그러므로 윌리엄 제임스의 말은 틀렸다. 그러나 여기서도 역시 타이핑 같은 어떤 기술을 위한 기억은 타이핑에 관한 기억이나 타이핑을 할 수 있다는 **사실**에 대한 기억과는 다르다. 그래서 '습관'이라는 용어를 쓰려면 이 용어를 어떤 식으로 쓸 것인지 분명히 하는 것이 중요하다. 구체적으로 말하면, 무언가를 하는 학습된 경향과 그것을 하는 데 사용되는 학습된 유연한 기술, 이 두 가지를 구분해야 한다. 한 가지 덧붙이자면, 아주 많이 훈련을 하면 어떤 짧은 신호에 대하여 정밀하고 비교적 단순한 특정 운동 반응(예컨대 눈 깜박이기)을 하기를 학습할 수 있지만[21] 이런 특별한 유형의 '습관' 학습은 중요하기는 해도 일반적인 게 아니고 예외임이 틀림없다. 더욱이 앞에서 잠깐 언급한 파블로프식 조건형성의 결과에서 보았듯이 그런 조건형성에서 일어나는 학습이 운동 반응으로 이루어져 있지는 않다. 훈련 도중 다른 정보도 또한 습득되는 것이다. 어떤 다른 정보가 습득될까? 답을 알려면 실험 참가자에게 물어보아야 한다.

'무엇'이 학습되고 기억되는지를 알아내기

이 장의 앞부분에서 나는 '…개나 고양이에게 무엇을 기억하는지 물어볼 수는 있지만 직접적인 답은 분명 기대할 수 없다'고 썼다. 하지만 적절한 방식으로 물어보면 답을 얻을 수 있다. 결정적으로 중요한 것은 동물을 훈련할 때 사용하는 방법과 훈련의 결과를 구분하는 것이다. 오래전 내 아내와 내가 길렀던 개는 우리 집 앞뜰로 들어오는 울타리 문이 열릴 때마다 짖었다. 개 짖는 소리가 낮잠 자는 우리 아이를 종종 깨웠으므로(그래서 결국 그 부모를 괴롭혔으므로!) 나는 울타리 문이 열리더라도 개가 조용히 있도록 가르치기로 결심했다. 내가 쓴 방법은 개가 짖기 시작할 때 신문으로 가볍게 개를 때리는 것이었다. 이런 노력으로 얻어진 장기적인, 그리고 만족스럽지 못한 결과는 개가 피아노 뒤에 숨어서 입을 다문 채로 짖는 것이었다.

물론 동물이 훈련을 받고 난 뒤 무엇을 '아는지'를 조사하는, 이보다 훨씬 더 잘 설계되고 더 많은 정보를 주는 연구가 많다. 앞에서 언급한 마이클 데이비스의 연구가 아주 훌륭한 예가 되겠다. 이 연구는 불빛이 전기충격을 예고한다는 사실과 불빛이 켜진 뒤 언제 충격이 올지 두 가지를 다 쥐가 학습함을 보여 주었다. 아주 기발한 또 다른 실험은 로렌스Lawrence와 디 리베라di Rivera[22]가 수행한 것으로서, 쥐가 단서들 간 관계의 의미를 학습할 수 있는지를 알아보았다. 많은 훈련 시행을 실시했는데, 각 시행마다 쥐들에게 회색 카드를 하나 보여 주었다. 각 카드는 상반부와 하반부의 회색의 명도가 달랐다. 카드의 하반부는 항상 중간 정도의 회색이었다. 이 중간 회색을 '4'라고 하면 '1'은 매우 밝은 회색이고 '7'은 매우 어두운 회색이다. 쥐들은 카드의 상반부에 더 밝은 회색인 1, 2, 또는 3이 나오면 한 방향, 예컨대 왼쪽으로 돌고 더 어두운 회색인 5, 6 또는 7이 나오면 다른 방향, 즉 오른쪽으로 돌도록 훈련을 받았다(그림 2.1 A를 보라). 쥐들이 학습한 것은 카드 한 장에 한 반응씩 여섯 가지 다른 반응이었을 수 있다. 그러나 쥐들이 무엇을 학습했는지에 대한 검사 결과는 매우 다른 답을 내놓았다. 즉 카드 상반부와 하반부에 있는 회색의 명도 간 관계가 결정적인 단서임을 쥐들은 학습하고 기억했다. 쥐들은 카드 상반부가 하반부보다 더 밝으면 왼쪽으로 돌고 더 어두우면 오른쪽으로 돌기를 학습했던 것이다. 예를 들어 검사 시행에서 명도 5가 명도 7 위에(즉 밝은색이 어두운색 위에) 있으면 왼쪽으로 돌고, 명도 3이 명도 1 위에(어두운색이 밝은색 위에) 있으면 오른쪽으로 돌았다. (역주_훈련 시에 카드의 하반부는 항상 동일한 회색이었기 때문에 쥐들은 그것은 무시하고 상반부의 회색만 보아도 학습할 수 있는 상황이었다. 그러나 검사 시에는 카드 하반부의 회색도 고정되어 있지 않고 변화하였다.)

단순히 훈련에 쓰인 구체적인 방법을 안다고 해서 동물이 무엇을 학습했는지를 알아낼 수는 없다(이에 대해서는 인간도 마찬가지이다). 동물이 아는 것이 무엇인지를 알아내려면 적절한 질문을 던져야 한다. 앞의 실험을 보자. 여기서 실험자는 다음과 같은 질문을 했다. 반응을 할 때 사용해야 할 최적의 단서가 카드의 상반부와 하반부의 상대적 명도임을 쥐가 기억할까? 그 답은 '그렇다'였다.

쥐는 기억을 통해 단서의 의미에 대한 추론을 할 수 있다. 하워드 아이켄바움Howard Eichenbaum과 그의 동료들[23]이 이에 대한 독창적인 실

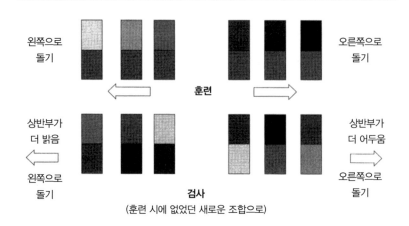

그림 2.1 A 자극 간 관계를 학습하기

쥐들은 먼저 상반부와 하반부에 명도가 다른 회색이 칠해진 일련의 카드로 훈련을 받았다. 카드 하반부는 항상 중간 회색이었다. 카드 상반부가 더 밝을 때는 왼쪽으로 가는 반응이, 카드 상반부가 더 어두울 때는 오른쪽으로 가는 반응이 보상을 받았다. 그런 다음 카드 상반부와 하반부에 상이한 명도의 회색이 칠해진 새 카드들로 쥐들을 검사했다. 대부분의 검사 시행에서 쥐들은 상반부가 하반부보다 더 밝으면 왼쪽으로 가고 더 어두우면 오른쪽으로 갔다. 이런 연구 결과는 쥐들이 상반부와 하반부에 있는 회색의 명도 간의 관계에 반응하기를 학습했음을 보여 준다.

출처 : Lawrence and di Rivera, 1954.

그림 2.1 B 자극 간 관계를 추론하기를 학습하기

쥐들은 처음에 냄새 A와 냄새 B를 연합하도록 학습하고 그다음에 냄새 B와 냄새 C를 연합하도록 학습했다. 나중에 냄새 A로 검사하면 쥐들은 다른 냄새보다 냄새 C를 선택했다. 이전의 연합이 냄새 A가 냄새 C와 연합되었음을 추론하게끔 했던 것이다.

출처 : Bunsey and Eichenbaum, 1966.

험을 했다. 이들은 쥐에게 모래가 든 작은 용기를 파헤쳐서 그 모래 속에 숨겨진 보상물(여기선 시리얼)을 찾아 먹도록 훈련시켰다. 그다음 단계에서는 쥐에게 한 용기의 독특한 냄새(예 : 계피, 커피 등)를 맡게 한 후, 이와는 다른 독특한 냄새(예 : 레몬, 정향 등)가 나는 또 다른 두 개의 용기 중 하나를 선택하도록 훈련시켰다(그림 2.1 B를 보라). 이 두 용기 중 하나에는 항상 보상물이 들어 있었다. 이 절차를 따라 쥐가 처음에는 냄새 A를 냄새 Y가 아닌 냄새 B와 연합하기를 학습했다. 그다음엔 냄새 B를 냄새 Z가 아닌 냄새 C와 연합하기를 학습했다. 그러고 나서 결정적인 검사를 했다. 실험자들은 쥐에게 냄새 A를 맡게 한 후에 냄새 C와 냄새 Z 중에서 선택하게끔 했다. 냄새 A는 이전에 냄새 C와 Z 둘 중 어느 것과도 짝지어진 적이 없었다. 따라서 이전에 이루어진 냄새들 사이의 직접적인 연합만 가지고는 쥐가 검사에서 보일 반응을 예상할 수가 없었다. 그럼에도 불구하고 검사에서 쥐들은 정확하게 냄새 C를 선택했다. A와 B의 연합 그리고 B와 C의 연합은 쥐들이 A가 C와 연합되어 있다는 **추론**을 하게끔 만들었던 것이다. 이와 같은 연구 결과는 학습에 대한 S-R 관점에 또 다른 문제를 제기한다. 즉 훈련에서 습득된 단서-보상 연합이 검사 시행에서 나타나는 동물의 반응을 설명하지 못한다. 기억에 바탕을 둔 추론이 필요한 상황이었기 때문이다.

어디로 갈지와 무엇을 할지에 대한 기억

'무엇을 학습하는가'라는 질문은 훨씬 덜 복잡한 실험들에서도 다루어졌다. 단순한 실험장치인 T자 모양의 미로가 20세기 중반에 헐주의자들과 톨먼주의자들의 격렬한 싸움터에서 사용되었다. T-미로를 사용한 쥐의 학습 연구는 쥐가 S-R 습관을 학습하는지 아니면 '무엇이 무엇으로 이어진다'는 정보를 학습하는지에 대한 논쟁을 해결하기 위해 이루어졌다. 전형적인 실험에서는 쥐를 T자 하단의 출발점에 놓아주면 쥐는 T자의 상단부로 가서 왼쪽이나 오른쪽으로 갈 수 있었다. 먹이는 항상 T자 상단부에서 같은 쪽 끝, 예컨대 오른쪽 끝에만 있었다(그림 2.2를 보라). 이 훈련에서 쥐들이 무엇을 배웠을까? 선택 지점에서 어느 한쪽으로 도는 반응(효과에 법칙에 기초한 S-R 습관)을 학습했을까 아니면 먹이가 있는 미로 상의 장소를 학습했을까? 이에 답하기 위해 검사 시에는 먹이가 있는 가지길의 위치는 바꾸지 않고 T자를 뒤집어서 쥐의 출발점이 반대가 되게 만들었다. 그래서, 예컨대 원래 남쪽에서 시작해서 북쪽으로 가는 훈련을 받았던 쥐가 이제는 북쪽에서 시작하게 되었다.

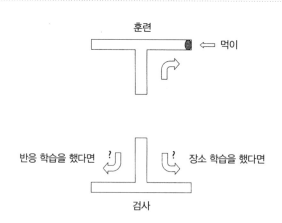

그림 2.2 쥐들은 미로(그리고 실험실)에서 보상을 받는 위치로 가는 것을 쉽게 학습한다
처음에 쥐들에게 먹이를 찾아 T-미로의 한쪽 가지길로 가는 것을 훈련시켰다(위쪽 그림). 그런 다음 T-미로를 180도 돌려 놓은 후, 쥐들이 학습한 것이 오른쪽으로 도는 반응인지 아니면 실험실 내의 어떤 장소로 가는 것인지를 검사했다. 이 검사에서 대부분의 쥐들은 오른쪽으로 도는 반응을 하지 않았고 왼쪽으로 돌아 먹이가 있었던 장소로 갔다.

쥐가 오른쪽으로 도는 반응을 학습했다면, 원래의 훈련에서 그랬던 것처럼 **오른쪽**으로 돌 것이고 따라서 한 번도 먹이가 있었던 적이 없는 가지길로 들어가게 될 것이라고 예상할 수 있다. 반면에 훈련받았던 방에서 먹이가 있는 장소를 학습했다면 **왼쪽**으로 돌 것이라고 예상할 수 있다. 이는 원래의 훈련에서 배웠던 것과는 다른 반응이다. 검사 결과는 톨먼의 관점을 지지했다. 이 절차를 사용한 대부분의 연구에서 검사 시행 시 쥐들은 이전에 먹이가 있었던 장소로 갔다. 그렇게 하는 것이 훈련 시에 했던 반응과는 다른 반응을 해야만 하는 일임에도 불구하고 말이다.

그렇지만 대부분의 논쟁이 그렇듯이 이는 명백한 톨먼주의자들의 승리가 아니었다. 어떤 조건에서는 쥐들이 검사 시행에서 이전에 훈련 시에 했던 것과 똑같은 방향으로 돌았기 때문이다. 그래서 양 진영이 모두 이겼다고, 또는 모두 졌다고 결론 내릴 수도 있다. 헐의 S-R 이론적 관점에서 보면 장소 학습은 불가능했다. 모든 학습은 S-R 습관으로 이루어진 것으로 생각되어서 이 이론에서 먹이가 있는 장소에 대한 기억이 차지할 자리는 없었기 때문이다. 반면에 톨먼은 결국 반응 학습도 일어난다고 인정했다. 단, 그 반응이란 게 근육수축 반응이 아니라 한쪽으로 돌기 같은 행위인 한에서만 그렇다는 조건이 붙었다. 그리고 톨먼은 「학습에는 여러 가지 종류가 있다」[24]라는 제목의 여러 관점을 통합하는 논문을 냈다. 그러나 이 논문은 동물이 먹이가 있는 장소를 기억하는 능력이 충분함에도 불구하고 왜 때로는 특정 반응(역시, 특정한 근육수축이 아닌, 행위)을 하기를 학습하는지 설명하지 않았다. 이 논문은 이론적 갈등을 만족스럽게 해결한 것이 아니라 일시적으로 봉합한 것이었다.

'장소 대 반응' 논쟁이 해결되는 데에는 궁극적으로 학습과 기억에서

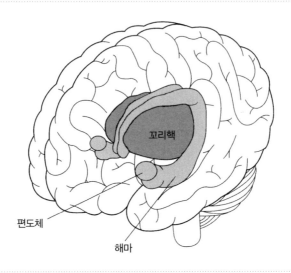

꼬리핵

편도체

해마

그림 2.3 기억 응고화에 중요한 뇌의 (많은 영역 중) 세 영역인 해마, 꼬리핵 및 편도체

상이한 뇌 체계들이 하는 기능에 대한 정보가 필요했다. 이제는 기억에 필요한 부위로 알려져 있는 해마hippocampus와 꼬리핵caudate이라는 두 개의 뇌 영역을 우선 간단하게 살펴보자(그림 2.3을 보라).

먼저 해마를 보자. 캐나다의 심리학자 브렌다 밀너Brenda Milner가 수행했던 유명한 환자 H.M.에 대한 연구는 해마가 새로운 기억을 만드는 데 중요하다는 증거를 최초로 제시했다.[25] 간질을 치료하기 위해 H.M.은 양쪽 뇌에서 해마의 앞부분(해마 주변 부위도 함께)을 제거하는 외과 수술을 받았다. 수술 후 H.M.은 새로운 기억에 대한 장기적인 외현 기억을 유지하는 능력을 영구히 상실했다. 하지만 바로 직전의 경험에 대한 기억(즉 일차 기억)이나 잘 학습된 오래된 경험에 대한 기억은 비교적 온전했다. 이런 놀라운 연구 결과가 출판되면서 해마는 기억 연구에서 관심의 초점이 되는 뇌 부위로 떠올라서 거의 반세기 동안이나 그 자리를 지켜 오고 있다.

영장류(물론 인간도 포함하여)뿐 아니라 쥐에서도 해마가 손상되면 사실이나 기타 종류의 새로운 정보 간 관계 같은 새로운 외현적 지식을 저장하거나 응고화하는 데 장애가 생긴다. 여기에는 습득한 정보를 기초로 해서 추론을 하는 것과 사건들의 구체적인 순서를 기억하는 능력도 포함된다.[26] 기억에서 해마가 하는 기능에 대해서는 앞으로 더 자세히 살펴볼 것이다.

다음으로 꼬리핵을 보자. 꼬리핵은 몸의 운동을 조절하는 데 중요한 뇌 부위로 알려져 있다. 이 영역의 기능 이상은 파킨슨병 같은 질병과 연관이 있다. 그리고 쥐들의 경우 여기가 손상되면 특정한 종류의 반응 학습에 비교적 선택적으로 장애가 생긴다. 이 주제 역시 나중에 더 자세히 다루기로 하자.

뇌의 이들 두 영역, 즉 해마와 꼬리핵이 상이한 종류의 학습에 관여한다는 증거가 점점 더 늘어나고 있다. 그런 증거는 수십 년 전 연구되다가 묻혀 버린 '장소 대 반응' 논쟁을 해결할 좀 더 만족스러운 답이 있을지도 모름을 시사한다. 어쩌면 그 연구에서 쥐들은 먹이를 찾기 위해 **어떤 반응**을 할지 그리고 **어디로** 가야 할지 두 가지를 다 학습했을 수 있다. 이 두 가지는 쥐의 출발점을 반대로 옮겨서 검사할 경우에는 서로 불일치하게 되는 기억이다. 그런 초기 연구에서 중요한 단서가 나왔지만 간과되고 말았다. 즉 쥐들이 어떤 장소를 찾아가기를 학습했는지 아니면 어느 쪽으로 도는 반응을 학습했는지를 알아내기 위한 검사를 하기 전에 T-미로에서 훈련을 아주 많이 받은 경우에는 반응 학습이 일어났다는 증거가 있다. 어쩌면 아주 많은 훈련이 그 학습에 꼬리핵이 더 많이 관여하게 만들었기 때문에 그랬을 수 있다. 마크 패커드Mark

Packard와 나는 이를 강력하게 뒷받침하는 결과를 얻었다.[27]

우리가 한 실험은 앞에서 이야기한 T-미로 연구와 비슷했다. 먼저 먹이를 보상으로 삼아 T-미로에서 쥐들을 훈련시켰다. 검사에서는 T자를 뒤집어서 출발점이 훈련 시와는 반대 방향에 있게 했다(그림 2.2를 보라). 훈련에 대한 기억에 해마와 꼬리핵이 하는 역할을 알아보기 위해 검사 직전에 이 두 영역 중 한 곳에 마취제인 리도카인을 소량 주사했다. 이는 해당 뇌 영역을 불활성화시키기 위해서였다. 통제 집단은 식염수 주사를 맞았다. (역주_식염수 주사는 아무 효과를 내지 않는 것으로 처치 효과를 비교하기 위한 기준점을 제공한다.) T-미로에서 7일(하루 네 번의 시행)밖에 훈련을 받지 않고 검사 전에 식염수 주사를 맞은 통제 집단은 먹이가 있었던 장소로 갔다(그림 2.4를 보라). 이와 대조적으로 15일 동안 훈련을 받은 통제 집단은 먹이가 있었던 쪽으로 도는 반응을 했다. 따라서 아주 많이 훈련을 받게 되면 대부분의 쥐들이 장소 학습에서부터 반응 학습을 하는 쪽으로 변해 갔던 것이다.

검사 전에 꼬리핵이나 해마에 리도카인 주사를 맞은 쥐들에게서는 매우 다른 결과가 나왔다. 7일간의 훈련 후에 검사한 경우, 꼬리핵에 주사한 리도카인은 아무런 효과가 없었다. 다시 말하면 통제 집단과 마찬가지로 이 쥐들은 먹이가 있던 장소를 찾아갔다. 이에 반해 해마에 리도카인 주사를 맞은 쥐들은 임의로 행동했다. 보상을 받았던 장소에 대한 기억이 나타나지 않았던 것이다. 이 연구 결과는 해마가 관여하는 기억이 줄무늬체striatum(역주_꼬리핵은 줄무늬체의 일부이다)가 관여하는 기억보다 앞서서 생겨난다는 점을 보여 준다. 훈련을 더 시키자 결과는 아주 달라졌다. 15일간 훈련 후 검사를 실시하자 해마에 리도카인을 맞은 쥐들은 식염수를 맞은 통제 집단처럼 행동했다. 즉 이들은 먹이 쪽

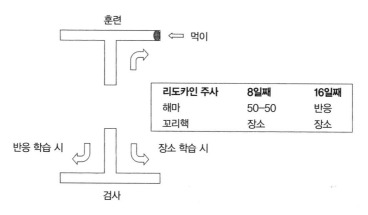

검사 전에 해마 또는 꼬리핵에 리도카인을 주사

그림 2.4 해마와 꼬리핵은 훈련의 초기와 후기 단계에서 장소 학습과 반응 학습에 서로 다른 역할을 한다

쥐들에게 처음에 먹이를 찾아서 T-미로의 한쪽 가지길로 가는 훈련을 시켰다. 그런 다음 미로를 180도 돌려 놓은 상태로 검사하여 쥐들이 '장소' 학습을 했는지 '반응' 학습을 했는지 알아보았다. 7일간의 훈련 뒤에는 대부분의 쥐들이 오른쪽으로 도는 반응을 하지 않고 먹이가 있었던 장소로 갔다. 15일간의 훈련 뒤에는 대부분의 쥐들이 오른쪽으로 도는 반응을 했다. 7일 훈련 집단에게 검사 전에 해마에 리도카인을 주사하자 장소 찾아가기가 차단되었다. 15일 훈련 집단에게 검사 전 리도카인을 꼬리핵에 주사하자 통제 집단에게서 나왔던 오른쪽으로 돌기가 차단되었다.

출처 : Packard and McGaugh, 1996.

으로 도는 반응을 했다. 그러나 꼬리핵에 리도카인을 맞은 쥐들은 먹이 쪽으로 도는 숙련된 반응을 하지 않았고 대신 이전에 먹이가 있었던 장소로 갔다. 많은 훈련 동안에도 장소 기억이 온전하게 남아 있음이 분명했고 꼬리핵을 불활성화시키자 행동으로 드러났던 것이다. 학습에는 여러 가지 종류가 있다는 톨먼의 말이 옳았다. 하지만 그가 몰랐던 것이 있다. 즉 서로 다른 형태의 학습이 공존하며, 기억의 표현은 상이한 뇌 체계들의 협연으로 이루어진다.

우리는 대부분 걸으면서 동시에 껌을 씹을 수 있다. 또한 키보드를 두드리면서 말소리 또는 음악소리를 (혹은 말소리와 음악소리를) 듣고 학습하고 기억할 수 있고, 때로는 운전을 하면서 이 모든 것을 한꺼번에 할 수도 있다. 우리가 그렇게 할 수 있는 이유는 쥐가 미로에서 잘 학습된 먹이 쪽으로 돌기 반응을 하는 것과 마찬가지로 우리의 과잉 학습된 반응이 어느 정도 자동적으로 되기 때문이다. 학교에서 운전해서 나올 때 나는 다른 곳으로 가려고 했는데도 때로는 우리 집 차고 앞에 서 있게 될 때가 있다(당신도 가끔 이와 비슷한 일을 했으리라 추측된다!). 여기서 내가 일반적으로 하는 반응, 즉 학교에서 집으로 운전해 가기는 잘 숙련된 반응이다. 하지만 그 세세한 연속적 운동 반응은 교통 상황과 날씨 및 다른 많은 요인에 따라 매번 크게 달라진다. 각각의 세세한 반응 연쇄가 제대로 수행되려면 많은 종류의 기억이 통합적으로 사용되어야 한다. 우리는 또한 쥐와 마찬가지로 장소들에 대한, 그리고 장소들 사이의 가능한 경로에 대한 우리의 기억을 토대로 독특한 반응 연쇄를 수행함으로써 한 곳에서 다른 곳으로 갈 수 있다. 뿐만 아니라 장소와 경로 정보를 사용하기에 필요한 반응을 함으로써도 이동할 수 있다.

뇌 체계 : 기억을 기록하고 사용하기

우리의 뇌는 힘든 일을 하고 있다. 흔히 말하는 것처럼 뇌 잠재력의 10%만이 사용되고 있다는 말은 분명히 사실이 아니다. 뇌는 생명 유지에 필수적인 모든 활동의 진행을 끊임없이 돌보고 있다. 몇 가지만 예로 들자면 숨쉬기, 삼키기, 기침, 재채기, 체온 조절, 먹기, 자세 유지, 수면과 각성의 교대 같은 것들이다. 이런 조절 및 관리 기능에다가 인

간 및 기타 동물에게는 세계를 감지하고 그 안에서 행동하기 위해 대단
히 많은 전문화된 신경 체계들이 발달되어 있다. 다양한 종류의 감각
정보를 탐지하는 여러 뇌 체계가 있고, 운동 반응을 가능하게 하는 또
다른 뇌 체계가 있다. 이 뇌 체계들이 이 모든 것을 하는 중에 우리 뇌는
해야 할 일이 또 있다. 즉 우리 삶에서 변화하는 사건들에 우리가 적응
적으로 반응할 수 있도록 온갖 종류의 정보를 받아들이고 보유(잠깐 동
안일 수도 있고 일생 동안일 수도 있다)하는 것을 확실하게 해 줘야 한다. 듣고
보는 데 사용되는 뇌 체계가 다른 것과 마찬가지로 서로 다른 종류의
정보를 서로 다른 기간 동안 기억하는 일을 담당하는 뇌 체계들도 서로
다른 것으로 보인다.

　앞으로 다루겠지만 윌리엄 제임스의 일차 기억(즉 단기 기억)의 기초가
되는 과정과 이차 기억(즉 장기 기억)의 기초가 되는 과정은 다르다. 그리
고 바로 앞에서 본 것처럼 장기 기억 내에서조차도 장소에 대한 외현
기억을 습득하는 데 관여하는 뇌 체계와 미로에서 어느 쪽으로 도는 것
같은 일반적인 반응을 학습하는 데 관여하는 뇌 체계는 서로 다르다.
이와는 또 다른 뇌 체계가 더욱 더 특정적이고 제한된 운동 반응의 학
습에 관여한다. 하지만 이런 것들은 훨씬 더 복잡한 뇌의 수수께끼들
중 일부에 불과하다. 그와는 또 다른 뇌 체계들이 또 다른 종류의 기억
을 만들고 인출하는 데 필요한 또 다른 전문화된 일을 해낸다. 예를 들
어 저명한 심리학자 존 가르시아John Garcia가 연구한 결과를 보자. 그
는 복통이 특정한 맛 및 냄새와 관련된다는 것을 학습하는 데 사용되는
아주 효율적이고 전문화된 체계가 우리에게 있다는 점을 발견했다.[28]
예전에는 병원에서 방사선 치료를 받는 소아암 환자에게 아이스크림을
상으로 주었다. 하지만 아이들이 몇 번 치료를 받고 나서는 아이스크림

을 안 먹게 된다는 점을 발견하자 아이스크림 주기를 중단했다. 아이들의 뇌는 방사선으로 인한 배탈이 아이스크림 때문에 생겨난 것이라는 결론을 내렸던 것이다. 비록 이 경우에는 틀린 결론이긴 하지만, 우리가 배탈이 날 경우 그게 무언가 우리가 먹은 것(우리가 듣거나 보거나 만진 것이 아니라) 때문이라는 결론을 내리는 것이 일반적으로 그리 나쁜 생각은 아니다. 가르시아가 발견했듯이 우리 뇌가 우리를 위해 그런 결론을 내려 준다.

지난 반세기 동안의 연구가 매우 분명하게 알려 준 사실이 하나 있다. 바로 우리 뇌에 학습과 기억을 담당하는 포괄적인 단일 체계란 없다는 점이다. 우리가 무엇을 학습하는가는 우리가 접하는 정보의 종류와 해야 하는 행동의 종류에 따라 달라진다. 적어도 몇몇 상이한 종류의 기억에 관여하는 상이한 뇌 체계들이 있다는 점은 우리가 알고 있지만 앞으로 알아내야 할 것이 더 많다. '관여한다'는 말이 무엇을 의미하는지를 논의할 때는 신중해야 한다. 뇌 체계들은 학습과 기억에서 많은 다양한 기능을 할 수 있기 때문이다. 어떤 뇌 체계는 뇌에서 특정 종류의 기억이 저장되는 곳, 즉 '기억 흔적engram'이 있는 장소일 수 있다. 기억 저장의 조절과 연관된 영역일 수도 있다. 기억을 인출하는 데 특별한 역할을 할 수도 있다. 학습된 반응의 생성을 조절할 수도 있다. 그 역할(들)이 무엇인지 알아내기 위한 유일한 방법은 각각의 가능한 역할을 조사하기 위한 연구를 설계하여 신중하게 수행하는 것이다. 그런데게다가 뇌 체계들은 이 모든 기억 기능을 수행하면서 틀림없이 서로 상호작용을 할 것이다. 따라서 기억 연구는 아주 복잡한 탐사 작업과 같다. 기억에서 뇌의 기능을 알아내기 위해서는 인간 연구뿐 아니라 동물 연구도 필수적이다. 동물 학습을 연구하는 원래의 이유는 이 장에서 이미 살펴보았으나 현재 동물 연구는 그와는 아주 다른 이유로 수행되고 있다. 인간의 뇌에 있는 기억 체계와 세포 과정에 대한 단서를 얻기 위해서는 동물에게서 기억의 배후에 있는 신경생물학적 과정을 연구하는 것이 필수적이기 때문이다. 실험실 동물과 인간이 공통된 뇌 체계와 기전을 사용한다는 광범위한 증거는 그런 결정적 단서를 찾는 데 중요한 바탕이 된다. 앞으로 더 폭넓게 논의하겠지만 기억 체계들의 기능과 상호작용을 알아내려면 많은 종류의 연구 기법을 사용한 많은 종류의 실험이 필요하다. 각각의 새로운 연구 결과는 새로운 중간 결론과 새로운 실험에 대한 단서를 제공한다. 그리하여 우리 삶에서 각각의 상황에 적절한 기억을 뇌 체계가 어떻게 만들고 저장하고 인출하는지를 더 잘 이해할 수 있게 한다. 단서 하나하나가 기억의 신비를 해결하는 데 도움이 되는 것이다.

 미주

1. James, W., *Principles of Psychology*, Henry Holt and Company, New York, 1890, pp. 104, 115.
2. Tulving, Endel, *Elements of Episodic Memory*, Oxford University Press, New York, 1983.
3. James, W., pp. 104–15.
4. Pavlov, I. P., *Conditioned Reflexes*, Oxford University Press, London, 1927.
5. Thorndike, E. L., 'Animal intelligence: an experimental study of the associative processes in animals' *Psychological Review*, Monograph Supplement 2, no. 8 (1898).
6. Pavlov, I. P., *Experimental Psychology and Other Essays*, Philosophical Library, New York, 1957, pp. 43–4.
7. Pavlov, I. P., (1927), pp. 147–8.
8. Watson, J. B., 'Psychology as the behaviorist views it', *Psychological Review*, 20 (1913), pp. 158–77.

9. Tolman, E.C., *Purposive Behavior in Animals and Men*, The Century Co., New York, 1932.
10. Hull, C.L., *Principles of Behavior*, Appleton-Century-Crofts, New York, 1943.
11. Hull, C. L. (1943), p. v.
12. Hull, C. L. (1943), p. 27.
13. Köhler, W., *The Mentality of Apes*, Harcourt, Brace, 1925.
14. Lashley, K. S. and McCarthy, D. A. 'The survival of the maze habit after cerebellar injuries', *Journal of Comparative Psychology* 6 (1926), 423–33.
15. Lorenz, K., 'Innate bases of learning', in Pribram, K., *On the Biology of Learning*, Harcourt, Brace and World, New York, (1969), p. 47.
16. Liddell, H. S., 'The conditioned reflex', in Moss, F.A. (ed.), *Comparative Psychology*, Prentice-Hall, Englewood Cliffs, NJ, 1942.
17. Tolman, E. C. (1932), p. 8.
18. Hull, C. L. (1943), p. 27.
19. Rescorla, R., 'Pavlovian Conditioning. It's not what you think it is', *American Psychologist* 43 (1988), 151–60.
20. Davis, M. and Schlesinger, L. S., 'Temporal specificity of fear conditioning: effects of different conditioned stimulus-unconditioned stimulus intervals on the fear-potentiated startle effect', *Journal of Experimental Psychology, Animal Behavior Processes* 15 (1989), 295–310.
21. Thompson R. F., and Krupa D. J., 'Organization of memory traces in the Mammalian brain', *Annual Review of Neuroscience* 17 (1994), 519–49.
22. Lawrence, D. H., and di Rivera, J., 'Evidence for relational transposition', *The Journal of Comparative and Physiological Psychology* 47 (1954), 465–71.
23. Bunsey, S., and Eichenbaum, H., 'Conservation of hippocampal memory function in rats and humans', *Nature* 379 (1966), 255–7.
24. Tolman, E.C., 'There is more than one kind of learning', *Psychological Review* 56 (1949), 144–55.
25. Scoville, W. B. and Milner, B., 'Loss of recent memory after bilateral hippocampal lesions', *Journal of Neurological Neurosurgery and Psychiatry* 20 (1957), 11–21.
26. Fortin, N. J., Agster, K. L. and Eichenbaum, H. B., 'Critical role of the hippocampus in memory for sequences of events', *Nature Neuroscience* 5 (2002), 458–62.

27. Packard, M. G. and McGaugh, J. L., 'Inactivation of hippocampus or caudate nucleus with lidocaine differentially affects expression of place and response learning', *Neurobiology of Learning and Memory* 65 (1996), 65–72.
28. Garcia, J., and Koelling, R. A., 'Relation of cue to consequence in avoidance conditioning', *Psychonomic Science* 4 (1966), 123–4.

일시적인 기억과 오래 지속되는 기억

'사고의 흐름은 계속 이어진다. 하지만 그 대부분이 망각이라는 끝없는 심연으로 떨어져 버린다. 어떤 생각은 지나가고 나면 아무런 기억도 남기지 못한다. 다른 생각은 몇 초, 몇 시간, 혹은 며칠 동안 기억된다. 또 다른 생각은 지워지지 않는 흔적을 남겨서 삶이 계속되는 한 회상될 수 있다. 이런 차이가 왜 생기는지 설명할 수 있을까?'[1]

내 실험실의 대학원생이 마른 강바닥 가장자리에 의식을 잃고 쓰러져 있다가 발견된 적이 있다. 옆에는 그의 자전거가 부서져 있었다고 한다. 다음 날 병원에서 의식을 되찾았을 때 그는 자신이 어디에 있는지 그리고 왜 거기에 있는지 알지 못했다. 자전거를 타다가 마른 강바닥으로 떨어진 것에 대한 기억이 없었다. 사고가 나던 날 자전거를 탄 것조차도 기억하지 못했고 그날 있었던 다른 일들도 기억하지 못했다. 그의 삶의 기록 중 짧은 한 부분이 사라져 버린 것이다. 그러나 사고 바로 전날을 포함하여 그 이전에 했던 경험에 대한 기억은 무사했다. 머리의 경미한 외상 후에 이런 종류의 선택적인 기억상실이 나타나는 경우가 흔히 있다. 또한 뇌 기능에 영향을 주는 다른 질환으로 인해 그런 증상이 나타나기도 한다. 이런 기억상실은 '역행 기억상실'

이라고 불린다. 왜냐하면 잃어버린 기억이 외상 전에 경험한 사건들이기 때문이다. '제일 나중에 고용된 사람을 제일 먼저 해고한다'는 노동조합이나 인사부의 정책과 비슷하게, 오래되고 강한 기억일수록 잘 상실되지 않는다. 기억상실의 이런 특징을 19세기 말 이를 처음 언급한 프랑스 심리학자 떼오뒬 리보Theodule Ribot의 이름을 따서 '리보의 법칙'이라고 한다.[2]

몇십 년 전 내가 여러 대학원생 및 실험실 동료들과 함께 스키 여행을 갔을 때에도 리보의 법칙은 잘 들어맞았다. 한 학생이 '세상에 이런 일이' 같은 TV 프로그램에 나올 법한 모습으로 넘어지면서 나무 밑동에 머리를 부딪쳤다. 그는 일어나서 스키를 다시 신고 괜찮다고 말하고는 스키를 타고 슬로프를 몇 번 오르내렸다. 그러더니 몸이 좋지 않다면서 집으로 돌아가야겠다고 말했다. 특히 흥미로운 사실은 그의 경우 머리 외상이 자신이 넘어진 일이나 그 직후에 일어난 사건들에 대한 단기(즉 일차) 기억에는 손상을 주지 않았다는 점이다. 그러나 오늘날까지도 그는 그 스키 여행에 대한 기억이 전혀 없다. 넘어지기 전에 스키를 탔던 것도, 넘어진 것도, 넘어지고 나서 스키를 탄 것도 전혀 기억하지 못한다. 자전거 사고를 당했던 대학원생과 마찬가지로 이 학생도 역행 기억상실을 겪었다(그리고 여전히 겪고 있다). 게다가 그에게는 '순행 기억상실'도 일어났다. 다시 말해, 그는 넘어진 후 의식이 있었는데도 불구하고 넘어지고 난 뒤 스키를 탄 일 같이 사고 후 몇 시간에 걸쳐서 일어난 일에 대한 기억을 상실했다. 다행스럽게도 이 두 사람 모두에게 뇌 외상 및 상실된 기억이 결정적이지는 않았다. 지금은 두 사람 모두 저명한 신경과학자가 되어 있다.

어떤 경우에는 역행 기억상실의 정도를 분명하게 알 수 있다. 그런

한 예로서, 4라운드짜리 경기를 하던 한 권투선수는 머리를 여러 차례 얻어맞았지만 넘어지지도 않았고 멍한 상태가 된 것 같지도 않았다. 그런데

> (관찰자들이) 말하기를 그는 마지막 라운드에 잘 싸우지 못했다고 한다. 그 자신도 3라운드 후반이나 마지막 라운드에 대해서는 기억이 없었다 … 그가 자신의 기억상실이 언제 시작되었는지는 정확히 판단할 수 없었으나 언제 끝났는지는 명확하게 알 수 있었다. 기억상실은 15~20분 지속되었는데, 그동안 그는 상대 선수와 악수를 했고 자기 친구들과 이야기를 했으며 샤워를 할 준비를 했다.[3]

오래 지속되는 기억 만들기 : 기억 응고화

사고나 공격을 당해서 머리에 외상을 입었을 때 기억상실이 나타난다는 사실에 최초로 주목한 사람은 분명 우리의 원시인 조상들이었을 것이다. 하지만 기억상실에 대한 체계적이고 과학적인 연구는 20세기나 되어서야 시작되었다. 머리 부상을 입은 200명의 환자를 대상으로 한 어떤 연구는, 환자들에게 일반적으로 역행 기억상실과 순행 기억상실 두 가지가 다 일어났다고 보고했다.[4] 뿐만 아니라 머리에 외상을 입은 뒤에 일어난 사건에 대한 기억을 가장 많이 상실한 환자들이 역행 기억상실의 정도도 가장 컸다. 여러 일화와 임상 연구 결과를 보면 장기 기억이 처음에는 망가지기 쉽다는 게 분명하다. 이에 반해 단기 기억은 역행 기억상실을 일으키는 머리 외상이나 기타 질병의 영향을 받지 않는 경우가 많다. 이런 발견과 앞으로 살펴볼 연구 결과들이 말해 주는 분명한 사실이 있다. 즉 제임스가 말한 일차 기억(즉 단기 기억)과 이차 기

억(즉 장기 기억)의 기초가 되는 뇌 과정이 서로 매우 다르다는 것이다.

그런데 오래 가야 할 기억이 학습 직후에는 아주 파괴되기 쉽고 시간이 지나면서 점점 파괴되기 힘들어지는 까닭은 무엇일까? 이와는 전혀 관련 없어 보이는 실험 결과에서 그 설명을 찾을 수 있다. 1900년, 두 명의 독일 심리학자 게오르그 뮐러Georg Müller(에빙하우스의 제자)와 알폰스 필체커Alfons Pilzecker는 무의미 철자들을 학습하고는 바로 이어서 또 다른 무의미 철자들을 학습하면 먼저 배운 무의미 철자들에 대한 기억이 훼손된다는 것을 알아냈다.[5] 그렇지만 어느 정도 시간이 흐른 뒤에 새로운 무의미 철자들을 학습하면 그런 기억 장애가 생기지 않았다. 이 연구 결과를 설명하기 위해 그들은 다음과 같은 가설을 제안했다. 새로운 정보를 학습하고 난 후에는 그에 대한 기억 흔적이 활성화된 채로 지속되고 시간이 흐르면서 응고화(또는 공고화)된다는 것이다. 처음의 학습 뒤 바로 일어난 새로운 학습이 처음 학습의 활성화 지속을 방해하고 그로 인해 응고화가 되지 못한 것이 망각의 원인이라는 게 이들의 설명이다. 이것은 망각에 대한 최초의 공식적인 이론이었다. 머리 외상으로 인한 기억상실에 대한 임상적 사실을 알고 있는 사람들에게는 응고화 가설이 역행 기억상실을 설명할 수 있는 이론임이 금세 분명해졌다.[6]

거의 반세기 동안 응고화 가설에 신경 쓰는 사람은 거의 없었다. 그러다가 1900년대 중반에 기억 연구와는 무관한 여러 사건들이 기억 응고화에 대한 관심을 다시 불러일으켰다. 우울증과 정신분열증을 비롯한 심각한 정신질환에 대한 치료법을 찾으려는 노력이 여기에 결정적인 역할을 하였다. 우울증 치료를 위해서 흥분제인 장뇌를 발작을 일으킬 정도의 용량으로 투여하는 경우도 있었는데, 이 방법이 처음 사용된 것은 18세기 말이었다. 그러다가 1930년대 초에 발작 유발 약물을 사

용하여 정신질환을 치료하는 방법에 대한 관심이 다시 생겨났다. 이번
에는 장뇌 대신에 합성약물인 메트라졸이나 인슐린이 권장되었다. 그
로부터 20년 후 정신병원에서 직원으로 일하고 있었던 나는 개방 병동
의 침상에 줄줄이 누워서 정신질환 치료를 위해 발작을 일으키는 용량
의 인슐린 주사(이어서 포도당 주사)를 맞는 환자들을 목격했다. 그런 치료
법이 안전하고 효과가 있는가라는 논쟁은 차치하고라도 거기엔 큰 문
제가 있었다. 즉 발작의 시작, 정도 및 지속시간을 예측하기가 매우 힘
들었던 것이다.

두 명의 이탈리아 정신과 의사 세를레티Cerletti와 비니Bini가 이 문제
에 대한 해결책을 발견했다.[7] 로마의 도축장에서 돼지의 머리에 발작을
일으키는 전기충격을 주어 돼지를 죽이지는 않고 기절시키는 것을 본
후, 그들은 환자에게도 전기 자극을 써서 발작을 유발할 수 있을지도
모른다고 생각하였다. 그런데 이들에게 행운이 따랐다. 정신 나간 상태
로 로마 기차역 주변을 떠도는 한 남자가 곧 발견되어 역사적인 실험을
수행할 수 있게 되었던 것이다. 이들은 이 환자에게 정신분열병 증세가
있다고 진단을 내린 뒤 전기충격을 주기로 결정했다. 그렇게 전기충격
을 받은 환자는 발작이 일어났지만 죽지는 않아서 세를레티와 비니는
안도의 한숨을 내쉴 수 있었다(그 환자 역시 운 좋은 사람이었다!). 전기경련
충격electroconvulsive shock(ECS)이라는 이 요법은 정신질환 치료법으로
곧 널리 받아들여지게 되었다. 오늘날 사람에게 사용될 때는 전기경련
요법electroconvulsive therapy(ECT)이라는 이름으로 불리는 이 치료법은
아직까지도 항우울 약물로 완화되지 않는 심한 우울증 치료에 효과적
인 방법으로 사용되고 있다. 내가 로마에서 박사후 과정 연구를 할 때
세를레티를 만날 기회가 있었다. 하지만 불행히도 그가 했던 역사적인

'실험'에 대해 그에게 물어볼 기회가 없었다. 내가 '불행히도'라고 말하는 이유는 당시 나는 ECS 요법을 사용하여 쥐에게서 기억 응고화를 연구하고 있었기 때문이다. 내 자신의 연구에 영향을 미쳤고 오늘날 기억 연구에도 여전히 영향을 미치고 있는 그런 선구적인 사건을 그가 어떻게 기억하고 있는지 이야기해 볼 기회를 놓쳤던 것이다.

　ECT 혹은 ECS와 기억 사이엔 무슨 관련이 있을까? ECT가 정신질환의 치료법으로 채택된 뒤 얼마 지나지 않아서 그런 치료를 받은 환자들에게 기억 장애가 생긴다는 사실이 알려지게 되었다. 특히 매번 치료받기 직전이나 그 후에 일어난 사건에 대한 기억이 상실되었다. 다시 말해, 이 환자들은 역행 및 순행 기억상실 두 가지를 다 보이는 듯했다. 이러한 임상 관찰을 보면 기억 응고화를 연구하는 실험기법으로 전기충격을 사용할 수도 있지 않을까라는 생각이 들게 된다. 1949년 칼 던컨Carl Duncan이 발표한 고전적인 실험에서 이 생각이 시험대에 올랐다.[8] 이 연구에서 쥐들은 어떤 신호가 켜지면 발에 가해지는 전기충격을 피해서 실험장치의 한쪽 칸에서 다른 쪽 칸으로 넘어가는 훈련을 여러 날에 걸쳐 받았다. 매일의 훈련 시행 후에 쥐들은 ECS 처치를 받았는데, 훈련과 ECS 처치 사이의 시간 간격은 집단에 따라서 달랐다. 훈련 후 몇 초 이내에 ECS 처치를 받은 쥐들에게는 훈련 경험에 대한 기억이 남아 있지 않았다. 이와는 대조적으로, 훈련 후 한 시간 혹은 더 오랜 시간이 지난 뒤 ECS 처치를 받은 쥐들은 기억에 아무 이상이 없었다. 훈련후 처치post-training treatment가 기억에 미치는 영향이 처치를 받는 시간에 따라 달라진다는 이 연구 결과는 오랫동안 방치되어 있던 기억 응고화 가설을 강력하게 지지하는 것이었다.

　던컨의 연구는 ECS가 기억에 미치는 효과를 조사하는 실험 연구들

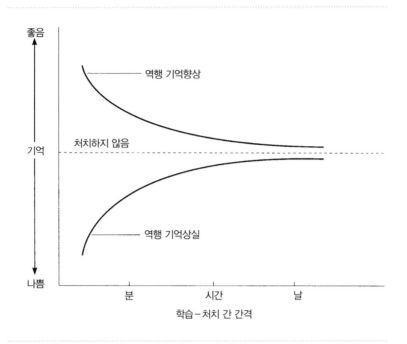

그림 3.1 학습 후 여러 다른 시각에 실시된 처치가 기억 응고화에 미치는 영향
위 곡선 : 역행 기억향상, 아래 곡선 : 역행 기억상실

이 잇달아 나오게 하는 자극제가 되었다. 초기 연구들 대부분의 목표는 기억 응고화에 필요한 시간, 즉 전문용어로 말하자면 응고화 기울기를 알아내는 것이었다. 그러나 단일한 응고화 기울기를 찾아내기는 힘들었고, 궁극적으로는 그런 생각이 잘못된 것임이 드러났다. 그 기울기가 어떠한가는 어떤 실험에서 사용된 특정한 조건에 달려 있는 것으로 밝혀졌기 때문이다. 학습 과제, 훈련의 유형, 쥐의 혈통 그리고 특히 역행 기억상실을 일으키기 위해 사용된 구체적인 훈련후 처치를 비롯한 여러 가지 요인에 따라서 응고화 기울기가 몇 초에서 며칠까지로 달라졌다.[9] 그림 3.1의 아랫부분에 표시된 것이 그런 연구에서 나타난 역행 기억상실이다. (역주_ '기울기' 란 용어는 그림 3.1에서 보듯이 학습 후 시간이 지나면

서 처치의 효과가 점차로 약해지는 것을, 즉 그 곡선이 평평하지 않고 기울기가 있음을 가리킨다.) 던컨의 연구가 주로 기여한 바는 기억 응고화가 실험적으로 연구 가능함을 알아냈다는 사실이다. 이제 더 이상 임상 보고와 일화적 보고에만 기댈 필요가 없어졌던 것이다.

이중 흔적 가설 : 취약한 기억에서 안정적인 기억으로?

캐나다 심리학자 D. O. 헵Hebb의 대단히 영향력 있는 저서 『행동의 조직화Organization of Behavior』[10] 또한 기억 응고화에 대한 관심을 다시 불붙이는 데 한몫을 했다. 우연히도 헵의 이 저서는 던컨의 고전적인 연구와 같은 해에 출판되었다. 이 책에서 헵은 기억의 '이중 흔적' 가설이라는 것을 제안하였다.

> 어떤 감각 사건이 사라진 후에도 그 자취가 메아리처럼 남아 있어서 해부학적으로 그리고 생리학적으로 관찰될 수 있다면, 그와 같은 과정이 그 자극에 대한 일시적인 '기억'의 생리적 기초가 될 것임이 확실하다. (기억의) 영구성을 … 설명하려면 어떤 구조적 변화가 필요해 보인다. 하지만 구조적 변화는 아마도 상당한 시간이 걸릴 것이다. 따라서 일시적이고 불안정한 메아리 같은 흔적이라는 개념이 쓸모가 있다. 어떤 더 영구적인 구조적 변화가 그것을 강화한다고 가정할 수 있다면 말이다.[11]

이중 흔적 가설은 분명히 오랫동안 방치되어 있었던 뮐러와 필체커의 활성화 지속-응고화 가설과 놀랍도록 유사해 보인다. 따라서 헵이 그 가설을 논의하지도, 심지어 인용하지도 않은 점이 눈길을 끈다. 두 가설 모두 어떤 경험을 한 직후에 만들어지는 기억 흔적이 안정화됨으로써 장기 기억이 형성된다고 제안한다. 즉 애초에는 취약했던 기억이 시간이 지나면서 튼튼해진다는 것이다. 다시 말하면, 단순히 단기 기억이 오래 지속되게 된다는 말이다. 두 가설 모두에서 단기 기억과 장기 기억의 차이란 단지 기억 흔적의 강도일 뿐이다. 따라서 응고화 가설과 이중 흔적 가설은 **단일 흔적** 가설로 보는 것이 더 정확할 것이다. 이들 가설이 비록 영향력은 컸을지 몰라도 틀린 것이라고 볼 만한 이유가 이제는 충분히 있다. 혹은, 나중에 언급하겠지만 좀 더 신중하게 말하면, 최근 기억과 먼 과거의 기억은 지속시간만 다른 동일한 과정이 아니라 서로 다른 과정에 토대를 두고 있다는 강력한 증거가 있다. 하지만 이두 가설이 부분적으로는 옳다는 증거도 꽤 있다. 즉 오래 지속되는 기억은 순간적으로 만들어지는 것이 아니라 시간이 감에 따라 응고화되어 생겨난다.

새들도 그러고, 벌들도 그래. 심지어 달팽이, 물고기, 벼룩까지도 그런다네

뇌 기능에 영향을 주는 여러 가지 훈련후 처치를 이용한 많은 연구 덕분에 우리는 오래 지속되는 기억의 생성을 가능하게 하는 뇌 과정을 상당히 잘 이해할 수 있게 되었다. 금붕어를 사용하여 선구적인 연구를 한 버나드 아그라노프Bernard Agranoff는 훈련 후에 단백질 합성 저해제를 주사하면 ECS를 줄 때와 마찬가지로 역행 기억상실이 초래된다는 것을 발견했다.[12] 그는 다른 실험에서 금붕어를 훈련시키기 바로 직전에 단백질 합성 저해제를 투여했다. 여기서도 놀라운 결과가 나왔다. 즉 금붕어들이 과제를 완벽하게 정상적으로 학습했지만 몇 시간 이내

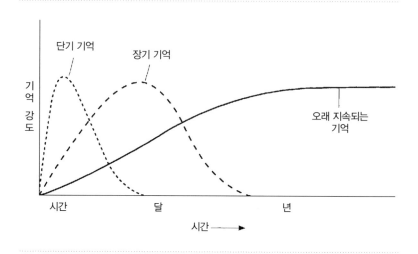

그림 3.2 기억 형성의 단계

기억 응고화는 시간 의존적이다. 그러나 기억의 여러 단계들은 연속적으로 연결된 게 아니라 병렬적으로 작동하는 독립적인 과정들에 바탕을 두고 있다.

출처 : McGaugh, 1966; McGaugh, 2000.

에 그것을 망각했다. 다시 말해, 단백질 합성 저해제가 기억 응고화는 차단했지만 단기 기억에는 영향을 미치지 않았던 것이다. 단기 기억이 기억 응고화를 차단하는 많은 종류의 처치(ECT를 포함하여)에 영향 받지 않고 살아남는다는 증거가 이제는 많이 있다. 한편, 이에 못지않게 중요한 결과를 아르헨티나/브라질 신경과학자 이반 이즈키에르도Ivan Izquierdo가 내놓았다. 즉 여러 가지 약물 처치들이 기억 응고화를 차단하지 않으면서 단기 기억을 차단할 수 있다.[13] 헵의 가설과는 대조적으로 장기 기억은 단기 기억을 필요로 하지 않는다는 것이다. 이런 연구 결과들은 그림 3.2에 보이는 것과 같은 과정을 시사한다. 즉 우리의 경험을 통해 생성되는 기억은 병렬적인 여러 단계로 구성되는데, 각 단계는 서로 다른 지속시간을 갖고 있으며 아마도 서로 독립적일 가능성이 있다.

임상 연구와 실험 연구에서 나온 이 모든 증거는 뇌가 최근 기억과 먼 과거의 기억을 서로 다른 방식으로 처리한다는 것을 보여 준다. 그런데 그렇게 하는 이유는 무엇일까? 우리에게는 분명히 신속하게 생성되는 기억이 필요하다. 계속해서 급속히 변하는 환경에 반응하려면 그런 기억이 꼭 필요하다. 기억이 모두 어떤 특정 경험 후에 천천히 생겨난다면 우리가 어떻게 대화를 하거나 책을 읽거나 심지어 걸을 수 있겠는가? 예를 들어 오늘날 대부분의 건축 조례에 따르면 계단의 각 칸의 높이는 똑같아야 한다. 몇 칸을 올라가거나 내려간 뒤에는 우리가 암묵적으로 계단 한 칸의 높이를 기억하고 다른 칸들도 그 높이와 같을 것이라고 간주한다. 만약 같지 않다면 우리는 발을 잘못 디뎌서 넘어지기 마련이다. 이런 종류의 재빨리 형성되는 암묵 기억이 없다면 우리와 보험회사에게는 손해이고, 아마도 변호사에게만 좋은 일이 될 것이다. 기억이 몇 시간이 지난 뒤에야 응고화되어 계단 한 칸의 높이를 기억할 수 있다면 별로 소용이 없을 것이다. 또는, 대화에서 한 시간 정도의 간격으로만 서로 말을 주고받을 수 있다고 상상해 보라. 이렇게 보면 재빨리 생성되는 기억이 있는 것이 썩 괜찮은 생각으로 보인다. 물론 답을 하기에 앞서서 곰곰이 생각할 일이 있다면 두어 시간 후에나 대답하는 것이 매우 유용할(그리고 사려 깊은 일일) 수 있다. 그렇지만 곰곰이 생각하는 데에도 단기 기억은 필요하다.

오래 지속될 기억은 시간이 감에 따라 천천히 응고화된다는 가설을 지지하는 증거는 주로 임상 및 실험 연구에서 나온다. 이 연구들은 뇌 기능에 영향을 주는 처치나 질환에 의해 장기 기억의 형성이 좌우된다는 증거를 내놓는다. 그런데 학습 이후 시간이 흐르면서 기억이 응고화된다는 것을 더욱 직접적으로 보여 주는 다른 종류의 증거도 있다. 이스라엘의 아비 카니Avi Karni와 도브 사지Dov Sagi[14]의 보고에 따르면, 어떤 시각적 기술을 훈련받은 사람의 수행이 훈련이 끝난 지 여덟 시간까지는 향상되지 않았으며 그다음 날 더 많이 향상되었다. 뿐만 아니라 그 기술은 수년간 향상된 상태로 유지되었다. 인간 뇌 영상을 사용하여 학습을 통해 일어나는 신경활동 상의 변화를 살펴본 연구들 또한 학습 이후 몇 시간에 걸쳐서 변화가 계속 진행된다고 보고하였다. 레자 샤드머Reza Shadmehr와 헨리 홀콤Henry Holcomb[15]은 PET(양전자방출 단층촬영술positron emission tomography)을 이용한 혁신적인 연구를 하였다. 이 연구에서는 사람들에게 팔과 손의 움직임을 필요로 하는 운동 학습 과제를 훈련시킨 다음 곧바로 여러 뇌 영역의 활동을 관찰하였다. 이들의 발견에 따르면 훈련이 끝난 뒤 여러 시간 동안 사람들의 수행은 계속 안정적인 상태였던 반면 뇌 활동은 그렇지 않았다. 즉 훈련 후 여러 시간이 지나는 동안 가장 왕성하게 활동하는 뇌 영역이 시간에 따라서 달라졌던 것이다. 뇌 활동은 이마앞겉질prefrontal cortex로부터 운동 통제에 관여하는 것으로 알려진 두 영역인 운동겉질motor cortex과 소뇌겉질cerebellar cortex로 옮겨 갔다. 운동 기술이 응고화되려면 서로 다른 신경 체계가 활성화되어야 하며, 이를 통해 그 기술의 배후에 있는 뇌 과정이 더욱 안정화되는 것으로 보인다.

학습으로 인해 대뇌겉질cerebral cortex에서 일어난 뉴런 활동의 변화가 훈련 뒤 며칠 동안 계속해서 증가한다는 증거도 있다. 노먼 와인버거Norman Weinberger는 쥐들의 청각겉질에 전극을 심어서 일련의 광범위한 전기생리학 연구를 하였다.[16] 그의 연구에 따르면, 쥐의 발에 가해지는 전기충격과 특정 주파수의 소리가 몇 번 짝지어진 뒤에는 쥐의 청각겉질에 있는 뉴런들이 그 특정한 소리에 더 많이 반응하며 다른 주파수의 소리에는 더 적게 반응하였다. 즉 훈련에서 사용된 특정한 소리에 대해 뉴런들이 선택적으로 반응하였다. 그런데 더욱 흥미로운 점은 이런 선택성이 훈련이 종결된 뒤에도 며칠 동안 계속해서 증가했다는 점이다. 이런 연구 결과는 그 소리의 중요성이 커졌다는 기억이 훈련이 끝난 뒤에도 오랫동안 계속해서 응고화되었음을 시사한다.[17]

오래 지속될 기억이 왜 천천히 응고화되는지 직관적으로는 명백하지가 않다. 몇 시간, 며칠, 혹은 일생 동안 지속될 기억인데도 그것이 처음 생성된 바로 직후에는 매우 훼손되기 쉽다. 왜 우리가 이런 형태의 기억에 의존해야 하는지 당연히 궁금해질 수 있다. 어쩌면 장기 기억을 천천히 응고화시키는 뇌 체계가 척추동물의 진화에서 비교적 최근에 일어난 일인지도 모른다. 더욱이 기억이 천천히 응고화되는 이유는 포유류의 뇌가 크고 엄청나게 복잡하기 때문일 수 있다. 하지만 이런 생각들은 당장 틀렸음이 드러난다. 지금까지 연구된 모든 종의 동물들은 장기 기억과 단기 기억 두 가지를 다 갖고 있으며, 모두가 역행 기억상실을 보일 수 있다. 물고기와 쥐들(앞에서 이야기했듯이)뿐 아니라 새, 벌 그리고 달팽이도 우리와 마찬가지로 장기 기억을 천천히 만든다.[18] 기억의 응고화는 분명히 진화의 초기 단계에서 출현하여 지금까지 유지되어 온 것이다.

그러면 인간의 뇌 같은 생물학적 체계가 오래 지속되는 기억을 신속하게 만들 수 없다는 결론을 내려야 할까? 반드시 그래야 할 이유는 없어 보이지만 동물의 뇌는 그렇게 못하는 게 사실이다. 따라서 기억 응고화에는 아주 중요한 어떤 적응적 기능이 있음에 틀림없다. 나중에 더 폭넓게 논의하겠지만 응고화가 느린 것이 적응적이라는 증거가 꽤 있다. 즉 응고화가 느리게 일어나면 학습 직후에 일어나는 신경생물학적 과정이 어떤 경험에 대한 기억의 강도를 조절할 수 있기 때문이다. 앞으로 살펴보겠지만 기억은 훈련 직후 가해지는 처치에 의해 손상되기도 하지만 **증진**될 수도 있다는 증거가 많은데, 이는 위와 같은 생각을 지지하는 흥미로운 증거가 된다. 그러니까 이 중요한 주제에 대해서는 나중에 다시 살펴보기로 하자.

시간이 지나면 사라져 버리는, 머리를 스쳐 가는 생각들

우리는 순간순간 새로운 정보를 계속해서 학습한다. 그리고 그것을 근래의 경험 및 아주 오래된 경험의 흔적과 통합한다. 우리는 방금 읽은 몇 단어를 기억하고 방금 말한 몇 단어를 기억한다. 그리고 그 각각의 단어를 어제 읽고 어제 말한 단어와 구별할 수 있다. 나아가서 어제의 경험, 오늘의 경험, 심지어는 내일에 대한 생각까지 같이 불러와서 서로 뒤섞어 새로운 기억을 만들 수도 있다. 즉 기억 흔적들이 우리 뇌 속에서 서로 통합되고 축적된다는 이야기다. 가능하다면 이런 상상을 해보라. 새로운 경험의 흔적을 장기 기억으로 응고화시키는 능력을 지금 당장 잃어버린다면 삶이 어떻게 될까? 여러 종류의 질병과 장애로 인해 뇌 손상을 입은 환자들이 바로 이런 중요한 능력을 잃어버리기도 한다. 알츠하이머병 같은 퇴행성 질환에서는 그런 상실이 수년에 걸쳐서 서서히 일어날 수 있다. 뇌 부상, 저산소증, 뇌염 같은 다른 질병의 경우 기억 장애가 갑자기 시작될 수 있다. 서서히 오든 갑자기 시작되든 그 결과는 다음과 같이 비극적이다.

더 이상 현재를 붙들어 놓을 수 없는 그런 환자들은 따라서 늘 병이 시작되기 전의 과거 속에서 살고 있다. 하지만 현재로부터 완전히 격리된 것은 아니다. 어떤 환자들은 자신의 장애를 자각하고 있어서, 한 환자는 이런 얘기를 했다. '신경 써서 집중하고 있을 땐 알고 있지만 나는 곧 잊어버리고 만다. 내 뇌가 체처럼 느껴진다. 모든 걸 망각하니까 말이다. 손톱만 한 내 방에서조차 나는 계속 물건들을 잃어버린다. 모든 게 사라져 버리는 것이다.'[19]

앞 장에서 잠깐 언급했던 H.M.이라는 환자가 지금껏 가장 많이 연구된 기억상실증 환자이다.[20] 그의 기억을 연구한 결과는 기억의 응고화 및 기타 측면에 관한 이론과 연구에 수십 년간 너무도 심대한 영향을 미쳤기 때문에 그의 과거에 관한 사실을 몇 가지 더 이야기할 필요가 있겠다. 그의 사례는 기억과는 관련이 없는 문제를 해결하기 위한 시도가 기억에 대한 깊은 통찰을 이끌어 내게 된 또 다른 예이다. H.M.의 문제는 경미한 발작이 시작된 여섯 살 때 발생했는데, 열여섯 살 때에는 더 심각해져서 큰 발작이 오기 시작했다. 스물일곱 살에는 발작의 빈도와 강도가 크게 증가하여 약물로는 통제가 불가능했다. 발작이 시작되는 뇌 영역을 외과 수술을 통해 제거하면 발작을 완화 또는 감소시킬 수 있는 경우가 종종 있다고 알려져 있었다. 그래서 그의 발작 장애를 치료하기 위해 뇌수술을 시행하여 그의 뇌에서 양쪽 관자엽temporal lobe의 안쪽 부위를 잘라 내었다. 수술 후 며칠 이내에 그의 기억이 심하게 손상되었음이 분명해졌다. 그러나 매우 흥미로운 사실은 아래에도 언급된 바와 같이 그의 기억이 완전히 손상되지는 않았다는 점이었다.

그는 더 이상 병원 직원들을 알아보지 못했다 … 화장실 가는 길을 기억하지도, 다시 학습하지도 못했고, 병원에서 일어나는 매일의 일상을 전혀 기억하지 못하는 것으로 보였다. 어린 시절에 대한 기억은 생생하고 온전해 보였고, 언어도 정상이었으며, 사회적 행동이나 정서적 반응도 완전히 적절했다 … 매일 매일 똑같은 맞추기 퍼즐을 해도 전혀 연습 효과를 보이지 않았고 똑같은 잡지를 보고 또 봐도 그 내용이 이미 본 것임을 몰랐다.

　　그러나 이렇게 심각한 기억상실이 있음에도 불구하고 그의 주의집중 범위는 정상이었다. 한번은 그에게 숫자 '584'를 기억하라고 한 다음 15분간 방해받지 않고 앉아 있을 수 있게 하자 그는 그 숫자를 기억할 수 있었다 … 그에게 어떻게 기억할 수 있었느냐고 묻자 '쉬워요. 그냥 8을 기억하면 돼요. 5와 8과 4를 더하면 17이 되지요. 17에서 기억했던 8을 빼면 9가 남아요. 9를 반으로 나누면 5와 4가 되죠. 자, 그럼 584예요. 쉽죠.' 라고 답했다 … 그런데 1분쯤 뒤에는 숫자 '584'를 기억하지 못했다. 사실상 그는 자기에게 기억할 숫자가 주어졌었다는 것도 몰랐다. 검사 중간 중간에 고개를 들고 그는 이렇게 말하곤 했다 … '지금 궁금한 게 있어요. 제가 무언가 잘못된 말이나 행동을 하진 않았나요? 있잖아요, 지금 이 순간에는 모든 게 분명해 보이는데 바로 전에는 무슨 일이 있었죠? 그게 걱정이 돼요. 마치 꿈을 꾸다가 깨어나는 것과 비슷해요. 그냥 기억이 안 나요.'[21]

최근 경험에 대한 H.M.의 외현 기억은 재빨리 사라졌다. 예컨대 두 가지 소리나 불빛을 순차적으로 제시하고는 그 두 가지가 같은지 다른지 물어보면 두 자극 사이에 20초 간격이 있을 땐 거의 실수를 하지 않았다. 하지만 정상적인 피험자들과는 달리 60초 간격이 있을 땐 잘 답하지 못했다. 정상적인 인간 피험자와는 달리 H.M.의 외현 기억은 반복을 해도 좋아지지 않았다. 즉 그에게는 연습이 완벽에 이르는 길이 아니었다. 그는 숫자를 최대한 여섯 개까지는 짧은 시간 동안 기억할 수 있었다. 그렇지만 숫자가 여섯 개를 넘어가면 많이 반복해도 기억할 수 없었다.

자각 없는 기억

한편, 수잔 코킨Suzanne Corkin이 H.M.에 대하여 수십 년에 걸쳐 수행한 기억 연구는 H.M.이 어떤 종류의 정보는 학습할 수 있음을 분명히 보여 준다.[22] 그는 일부 구체적인 외현적 정보뿐 아니라 여러 종류의 '암묵적인' 지각적 기억 과제를 학습할 수 있었다. 수술(역주_1957년)을 받은 5년 후 그는 이사를 해서 거기서 1974년까지 살았다. 1966년에 검사를 한 번 받았고, 그 집에서 또 이사를 한 3년 뒤인 1977년에 다시 검사를 받았다. 그러자 그는 뇌수술 後 이사를 간 그 집의 주소와 방들의 배치를 기억할 수 있었다. 따라서 H.M.은 비록 특정 사건에 대한 오래 지속되는 기억(즉 일화 기억)을 형성하는 능력은 결핍되었지만 적어도 어떤 일반적인 정보를 학습하는 능력은 살아남아 있었다.

에드먼드 텡Edmond Teng과 래리 스콰이어Larry Squire[23]가 연구한 또 다른 환자 E.P.는 양쪽 해마와 그 주변의 관자엽에 심한 손상이 있다. 이 환자의 기억상실은 너무나 심해서 1년 동안 40번이나 그를 검사한 사람들조차 알아보지 못한다. 뿐만 아니라 기억상실이 시작된 뒤 이사해서 지금까지 살고 있는 동네를 전혀 알아보지 못한다. 이에 반하여 50년 이상이나 지난 과거에 살았던 동네가 어떻게 생겼는지에 대한 기억은 멀쩡하다. 그의 뇌 손상이 새로운 정보를 습득하는 능력은 손상시켰지만 50년 전 습득한 공간 정보는 파괴하지 않았음이 분명하다. 또한 이 연구 결과는 H.M.이 수술 후 살았던 집의 평면도를 기억한다는 연구와 마찬가지로 확실하게 보여 주는 바가 있다. 즉 공간 정보의 인출을 위해 해마 체계가 꼭 온전할 필요는 없다는 점이다.

앞에서 본 것처럼 H.M.은 새로운 외현적 정보는 학습하지 못했지만 어떤 암묵적 정보는 학습하고 기억할 수 있었다. 그에게 연속 3일 동안 자신의 손과 별 모양의 도형이 거울에 비친 모습을 보면서 그 도형의 선을 따라 그리는 것을 가르쳤다. 그의 수행은 매일 향상되어서 다음 날 첫째 시행에서는 그 전날 마지막으로 도달했던 수준에서 시작하곤 했다. 하지만 날마다 그는 그 과제를 이전에 했었다는 사실을 기억하지 못했으며, 그럼에도 불구하고 그 기술을 최소한 1년 동안 보유하고 있었다. 기억상실 환자를 대상으로 한 후속 연구들도 여러 종류의 암묵적 정보에 대한 기억이 손상되지 않고 남아 있는 경우가 많다는 증거를 많이 내놓았다. 초기의 고전적인 연구를 하나 예로 들어 보자. 영국의 심리학자 엘리자베스 워링턴Elizabeth Warrington과 로렌스 와이스크란츠 Lawrence Weiskrantz[24]는 비행기 같은 여러 가지 흔한 대상을 나타내는 일련의 그림들을 기억상실 환자들에게 3일에 걸쳐서 순서대로 반복해서 보여 주었다. 다섯 장의 그림이 한 조를 이루고 있었는데, 각 조의 맨 처음 그림에는 물체의 일부분만 그려져 있어서 일반인도 기억상실 환자도 알아볼 수가 없었다. 그다음 그림으로 갈수록 그 물체는 더 온전하게 그려져 있어서 다섯 번째 그림은 그게 무엇인지 금방 알아볼 수 있었다. 검사가 실시된 3일 동안 시행을 거듭한 후 기억상실 환자들은 심하게 불완전한 그림만 보고도 그 물체를 식별해 낼 수 있었다. H.M.과 마찬가지로 이 기억상실 환자들도 (이전에 그 과제를 학습한 적이 있다는) 자각은 못하지만 기억은 한다는 것을 보여 주었다. 래리 스콰이어와 동료들[25]의 보고에 따르면 기억상실 환자가 어떤 과제를 학습했

을 때 그 과제나 자신이 학습했다는 사실에 대한 외현 기억은 없지만
이들의 '암묵적' 학습 능력은 온전할 수 있다. 예를 들어 이들은 거울
상(像)으로 제시된 단어를 읽는 기술을 학습하고 유지할 수 있다. 또한
'absent' 혹은 'income' 같은 단어를 보여 주고 약간의 시간이 흐른
후에 'abs___'나 'in___'을 보여 주고 마음속에 처음 떠오르는 단어
로 완성시키라고 하면 빈칸에 앞서 본 단어를 채워 넣게 된다. 비록 그
단어들을 앞서서 보았다는 사실을 기억하지 못하지만 말이다. (역주_
abs___는 absolute, absurd, abstract 등 여러 가지 단어로 완성될 수 있지만 하필
absent라고 완성하는 것은 그 단어를 좀 전에 본 기억 흔적이 남아 있기 때문이다.
in___의 경우도 마찬가지이다. 이런 과제는 암묵 기억을 검사하는 점화 과제라는 것
의 하나이다.)

기억상실 환자에 대한 연구 결과는 윌리엄 제임스의 단기 기억과 장
기 기억의 구분을 명백하게 지지한다. 단기 기억은 기억상실 환자에게
서도 비교적 온전할 수 있으며 보통은 그러하다. 뿐만 아니라 그런 연
구가 보여 주는 사실이 또 하나 있다. 바로 해마 및 그에 인접한 대뇌겉
질 영역을 포함한 안쪽 관자엽 구조들이 손상되면 외현 기억이 응고화
되는 데 장애가 생긴다는 점이다. 그런데 이 연구들은 어떤 암묵 기억
은 심각한 기억상실 환자에게서조차도 살아남는다는 점도 보여 준다.
따라서 암묵적 학습의 응고화는 다른 뇌 영역이 담당하는 것으로 보인
다. 암묵적 학습에는 어떤 지각적-인지적 정보나 운동 기술을 익히는
학습이 포함된다. 기억상실 환자의 기억에 대한 이런 선구적인 연구들
은 기념비적인 중요성을 가진 것으로서, 다양한 형태의 기억을 매개하
는 여러 뇌 체계의 역할을 알아내려는 연구를 촉발하였다. 기억상실 환
자 연구는 또한 흥미롭고 중요한 의문들을 제기한다. 그런 암묵 기억(즉

명시적으로 자각하지 못하면서도 기억한다는 것을 수행을 통해 보여 주는)의 기능은 무엇인가? 그런 학습은 많은 종류의 기술 습득에 결정적인(그리고 아마도 충분하기까지 한) 것으로 보인다. 운동기술 학습에는 이것이 사실임이 확실하다. 왜냐하면 운동기술의 수행 자체가 곧 학습이기 때문이다. 그 기술에 대한, 그리고 그것을 학습했다는 사실에 대한 외현 기억은 그 기술을 수행하는 데는 전혀 중요하지 않다. 기억상실 환자들과 마찬가지로 우리 모두에게 의식적 경험이 닿지 않는 내밀한 학습과 기억의 세계가 있을까? 그런 것 같아 보인다. 예컨대 우리가 자신의 행동을 설명할 때 외현 기억이 우리를 속일 수도 있다. 기억상실 환자에게 'HOTEL'이라는 단어를 보여 주고서 몇 시간 후 '_TEL'을 보여 주면 'HO'라는 대답을 한다. 그리고 왜 그런 대답을 했는지 물어보면 '그냥 단어 맞추기를 잘해서요.'라고 말하기도 한다. 우리에게 같은 질문을 한다면 아마도 몇 시간 전에 'HOTEL'이라는 단어를 본 기억이 나서 'HO'라고 답했다고 말할 것이다. 분명히 기억상실 환자의 대답은 창의적일지는 모르나 틀렸다. 그럼 우리가 한 대답은? 그것도 그만큼이나 창의적이고 그만큼이나 틀린 답일 수 있다.

옛날 옛적에 아주 멀리서

앞에서 언급했듯이, 그리고 나중에 더 깊이 살펴보겠지만 응고화에 대한 연구는 대부분 학습 후 몇 시간 혹은 며칠 동안에 일어나는 과정에 초점을 맞추고 있다. 그러나 임상 연구 결과는 기억 응고화가 여러 해 동안 계속될 수 있음을 시사한다. 뇌 부상, 뇌염, 뇌졸중, 뇌로 가는 혈액이나 산소의 공급 감소 등에 의한 뇌 손상은 때로는 몇 년 혹은 심지어 몇십 년 이전에 일어난 사건에 대한 역행 기억상실을 초래할 수 있다. 위에서 언급한 기억상실 환자 E.P.는 기억상실이 시작되기 40년 전에 한 경험을 잘 기억하지 못했다. 심한 뇌 부상을 입은 또 다른 환자는 '… 사고가 나기 6개월 전 자신의 집에 인테리어 공사를 새로 했다는 사실을 전혀 기억하지 못해서 … 집에 돌아오자 산뜻한 모습의 집을 보고 대단히 놀라워했다 … 심한 머리 부상 이전의 몇 달에 대한 기억이 희미하고 다소 엉성한 경우가 종종 있다.'[26]

오래전에 신경과학자인 한 친구가 나에게 자기 어머니에 대한 이야기를 해 준 적이 있다. 그는 헝가리에서 온 방문교수와 실험실에서 연구 중이었는데, 어머니가 심한 뇌졸중으로 쓰러져서 병원으로 실려가 중환자실에 있다는 전화를 받았다. 병원 관계자들은 걱정을 많이 하고 있었는데, 왜냐하면 어머니가 의식은 있었지만 말이 안 되는 소리로 '웅얼거리고' 있었기 때문이었다. 내 친구와 그 방문교수는 급히 병원으로 갔다. 몇 분 지나지 않아 그 방문교수는 간호사들에게 내 친구의 어머니가 무엇이라고 말하고 있는지 알려 줄 수 있었다. 간호사들은 지난 몇 시간 동안 어머니의 말을 못 알아듣고 있던 터였다. 그가 그렇게 할 수 있었던 이유는 그녀가 헝가리어로 말하고 있었기 때문이다. 내 친구의 어머니는 10대 때 미국으로 이민을 와서 수십 년간 영어만 썼었다. 뇌졸중 이후 더 이상 영어를 할 수 없게 되었고 그래서 모국어로 되돌아갔던 것인데, 그 모국어가 완벽하게 보존되어 있었던 것이다. 아쉽게도 나는 그녀의 역행 기억상실이 좀 더 일반적인 일들에까지 미쳤는지를 알아내지는 못했다. 즉 뇌졸중 발생 몇십 년 전에 학습한 것에 대한 기억도 상실되었는지 아니면 영어 말하기 능력만 선택적으로 상실되었는지는 알지 못한다.

활성화 유지-응고화 가설의 실마리가 된 애초의 발견들은 기억 검사를 하기 겨우 몇 분 전에 학습한 내용에 대한 기억을 연구한 결과에 토대를 두고 있다. 이러한 실험 연구들에 따르면 역행 기억상실의 기울기는 일반적으로 몇 시간 혹은 며칠에 지나지 않았다. 이런 연구 결과는 기억 응고화가 대체로 몇 시간, 아니면 길어도 며칠 이내에 완결됨을 시사한다. 그렇다면 수십 년 전의 외현 기억을 잊어버리는 역행 기억상실을 보고하는 임상 연구들은 어떻게 해석해야 할까?[27] 어떤 경험에 의해 활성화되는 기억 응고화 과정이 우리의 일생 동안 계속될까? 아주 긴 기울기의 기억상실을 일으키는 질병은 단순히 중요한 뇌 과정을 더 효과적으로 방해하기 때문에 기억상실을 더 효과적으로 일으키는 것일까? 우리가 겪은 경험 각각에 의해 시작된 특정한 신경 과정이 우리의 일생에 걸쳐 지속되면서 천천히 응고화되는 일은 (불가능하지는 않을지 몰라도) 거의 일어날 가능성이 없다. 응고화가 그런 식으로 작동한다면 오래 지속되는 기억이 하나라도 생겨날 수 있을까? 그럴 경우에는 역행 기억상실이 특별한 경우에만 일어나는 예외가 아니라 항상 일어나는 일반적인 일이 되고 말 것이다. 또한 역행 기억상실에 대한 연구에서 사용된 모든 실험 처치가 자연적으로 일어나는 부상이나 질병보다 뇌 과정을 덜 방해한다는 설명도 거의 가능성이 없어 보인다. 수십 년에 걸쳐 있는 기억상실의 기울기를 설명하기 위해서는 다른 무언가가 필요하다.

H.M. 및 다른 기억상실 환자들에 대한 연구에서 나온 단서는 해마와 안쪽 관자겉질medial temporal cortex의 몇몇 뇌 영역이 외현 기억이 대뇌겉질에 장기적으로 응고화되는 데 결정적으로 중요할 수 있음을 시사한다. 외현 정보가 처음에는 해마에 저장되었다가 나중에 겉질로 옮

겨지는지도 모른다. 그게 아니라면, 신경적 기억 흔적이 겉질 영역에서
조직화되는 것을 해마가 조절하는 것인지도 모른다. 이 두 관점 중 어
느 것을 따르든 대뇌겉질은 시간이 감에 따라 해마가 조직화에 미치는
영향으로부터 서서히 자유롭게 된다.[28] 이 관점들은 대뇌겉질에 기억
흔적이 생기고 통합되는 것을 해마가 아주 오랫동안 조절한다고 제안
함으로써 역행 기억상실의 긴 기울기를 설명한다. 이런 장기적인 효과
가 그림 3.2의 곡선에서 오른쪽 끝에 나타나 있다. 해마 체계와 겉질 사
이의 상호작용이 진행되는 기억 응고화의 이런 후기 단계는 학습 후 몇
시간 혹은 며칠 이내에 일어나는 기억 응고화의 초기 단계를 밑바탕으
로 일어난다. 이런 관점은 해마가 외현(일화)적 정보의 응고화에 관여한
다는 증거에 근거하고 있다. 하지만 앞에서 언급한 것처럼 다른 형태의
기억에는 해마 체계가 필요하지 않음을 우리는 알고 있다. 따라서 지
각–운동기술 및 기타 형태의 암묵 학습에 대한 역행 기억상실도 아주
긴 기울기를 갖는다는 증거가 있다면 다른 어떤 설명이 필요할 것이다.
유감스럽지만 현재까지는 기술 및 다른 형태의 암묵적 지식의 역행 기
억상실에 대해서는 별로 알려진 바가 없다.

  아주 장기적인 역행 기억상실에 대한 보고는 대부분 뇌 손상 환자들
의 기억 연구에서 나온 것이다. 한편 실험 연구도 중요한 결과들을 내
놓았다. 래리 스콰이어와 동료들은 일련의 ECT 처치를 받은 환자들이
처치 이전 2~3년 동안 습득했던 정보를 기억하지 못하는 역행 기억상
실을 겪는다는 사실을 알아내었다.[29] 동물의 경우, 해마를 손상시키면
그 몇 주 혹은 몇 달 전에 받은 훈련에 대한 역행 기억상실이 초래될 수
있었다. 이 주제를 다룬 또 다른 연구에서 김진석Jeansok Kim과 마이클
팬설로우 Michael Fanselow[30]는 쥐를 실험장치 안에 넣고 발에 몇 차례

전기충격을 주었다. 쥐들을 여러 집단으로 나누어 이 훈련을 실시한 하루, 7일, 14일 혹은 28일 뒤에 해마를 손상시켰다. 그리고 훈련 35일 후에 쥐들을 다시 그 실험장치 안에 넣고는 '동결' 반응(역주_우리가 겁에 질렸을 땐 하던 행동을 멈추고 가만히 있게 된다. 쥐들도 마찬가지로 공포자극이 주어지면 숨을 쉬기 위한 움직임만 제외하고는 꼼짝 않고 얼어붙는데, 이를 동결 반응이라 하며 공포의 측정치로 많이 사용한다. 이 연구에서 쥐들은 그 실험장치에서 전기충격을 받았다는 기억이 강할수록 동결 반응을 많이 보일 것이다.)을 관찰하여 쥐들의 기억을 검사하였다. 훈련 28일 후에 해마를 손상당한 쥐들의 기억은 해마가 손상되지 않은 정상적인 쥐들과 마찬가지였다. 이와는 대조적으로 훈련 하루 후에 해마를 손상당한 쥐들에게서는 훈련을 받았다는 증거가 전혀 나타나지 않았다. 그리고 훈련 7일 혹은 14일 후에 해마가 손상된 쥐들의 기억도 하루 후 손상 집단보다는 나았지만 28일 후 손상 집단보다는 나빴다. 이는 역행 기억상실이 몇 주에 걸쳐서 일어난다는 것을 보여 주는 증거로서, 이런 종류의 학습에서 기억 응고화에 해마가 관여하지만 그 영향이 시간 의존적이라는 가설을 지지한다. 한 달 후에는 그 정보의 저장에도, 또 인출에도 해마가 더 이상 필요하지 않기 때문이다. 따라서 비록 시간 척도 상으로는 몇 주 대 몇 년이라는 큰 차이가 있긴 하지만 이 연구 결과는 사람에게서 나온 것과 유사하다. 물론 동물과 인간의 수명의 차이를 참작하여 역행 기억상실 기울기의 길이를 비교한다면 이 연구 결과는 인간 연구와 더욱 유사하다. 이런 비교는 동물의 기억 과정이 그 동물의 수명에 비례한다는 가정하에 가능하다. 이는 아직까지는 체계적으로 검토된 바 없지만 매우 흥미로운 가설이다.

일화적 사건을 부호화하기 : 뇌 활동과 오래 지속되는 기억

기억상실 환자에게는 단기 외현 기억과 장기 외현 기억을 이어 주는 연결고리가 사라지고 없다. 새로운 경험이 지속적인 흔적을 남기지 않는 것이다. 안쪽 관자엽에 있는 해마복합체가 바로 이들에게는 없는 그 연결고리로 보인다. 앞에서 이야기했듯이, 기억상실 환자와 해마복합체가 손상된 동물을 대상으로 한 연구는 이 뇌 부위가 오래 지속되는 외현 기억을 응고화시키는 데 결정적이며 시간 의존적인 역할을 함을 강력하게 시사한다. 나중에 논의하겠지만 이 결론을 지지하는 또 다른 연구들이 있다. 즉 해마에 특정 약물을 주사할 경우 장기 외현 기억이 향상될 수 있다는 것이다.

적어도 수십 년 동안, 아니 아마도 그보다 더 오랫동안 과학자들은 기억이 형성될 때 작동하고 있는 뇌가 어떤 모습일까 상상해 보려고 했다. 무슨 마법이라도 있어서 두개골 속을 들여다볼 수 있다면 얼마나 좋을까? 그래서 우리의 경험으로부터 기억을 만들어 내는 여러 뇌 영역의 활동과 그 영역들 사이의 상호작용을 눈으로 볼 수 있다면 얼마나 신날까? PET이나 fMRI(기능성 자기공명영상법functional magnetic resonance imaging)를 비롯한 현대의 비침습적non-invasive 뇌 영상 기법들이 바로 그런 일을 가능하게 만들고 있다. (역주_비침습적이란 말은 환자에게 수술을 하거나 기구를 삽입하거나 주사를 하는 등 건강한 조직에 영향을 주는 침습적 방법이 아니란 뜻이다.) 그런데 이런 기법들이 뇌 활동의 기능적 영상을 만들어 주기는 하지만, 그 영상을 보고 특정 뇌 영역이 기억에서 어떤 기능을 하는지 해독해 내는 것은 전혀 다른 훨씬 더 복잡한 문제이다. 그냥 들여다보는 것만으로는 문제가 해결되지 않는다. 뇌 혹은 뇌 활동의 영상을 그저 보기만 해서는 우리 뇌가 기억을 어떻게 만드는지 전혀 알 수가 없다. 그 들여다보기가 일종의 심문이 되어야 한다. 즉 뇌 활동이 또 다른 종류의 수행 측정치가 되어야 한다. 물론 뇌 활동이 아주 특별하고 중요한 유형의 수행이기는 하지만 그것은 실험 증거를 통해 기억과 결정적으로 연관될 수 있어야 하는 것이다.

여러 뇌 영상 연구 결과가 손상법을 사용한 연구에서 나온 결론을 지지한다.[31] 단어와 사진에 대한 장기 기억은 그 내용을 부호화(역주_글이든 말이든 냄새든 우리에게 주어지는 자극은 모두 뇌가 이해할 수 있는 신호 형태로 변환되어야 하는데 이 과정을 부호화라 하며, 이는 곧 학습 단계에 해당한다)하는 동안에 일어나는, 안쪽 관자엽의 한 영역인 해마 주변 이랑parahippocampal gyrus의 활동에 직접 의존한다. 예를 들어 마이클 알카이어Michael Alkire와 동료들[32]의 연구에서는 사람들이 정서적으로 중성적이며 서로 무관한 일련의 단어를 수동적으로 듣고 있는 동안 PET을 사용하여 뇌 활동을 기록했다. 그 단어들에 대한 기억은 다음 날 검사하였다. 정보를 부호화하는(즉 수동적으로 듣는) 동안 측정된 해마 주변 이랑의 활동은 나중에 회상된 단어의 수와 높은 상관(+0.91)을 보였다. 즉 학습 도중의 뇌 활동이 다음 날 검사 시의 기억을 예측했던 것이다.[33]

뇌 손상 연구는 해마복합체가 특정 정보의 부호화 이후 아주 오랫동안 활성화된 상태를 유지한다고 시사한다. 하지만 현재의 뇌 영상 기법들을 사용해서는 이를 확인할 수가 없다. 실용적인 관점에서 보면 그런 정보를 얻기란 어려운 일이다. 왜냐하면 사람은 계속해서 새로운 정보를 부호화하고 응고화하기 때문이다. 새로운 기억으로 인한 뇌 활동과 오래된 기억으로 인한 뇌 활동을 분리해 내기란 만만찮은, 아니 거의 불가능한 일이다. 앞에서 이야기한 노먼 와인버거의 연구를 돌이켜 보

자. 이 연구는 청각겉질의 특정 부위에 있는 뉴런들에서 관찰되는, 학습으로 인한 반응성의 변화가 훈련 후 여러 날 동안 계속됨을, 그리고 그 뉴런들이 중요한 특정 소리에 반응하는 선택성이 계속해서 증가함을 보여 주었다(미주 16, 17을 보라). 뉴런 반응의 지속적 변화(즉 응고화) 과정을 뇌에 삽입된 전극으로 기록한 이러한 연구 결과를 보면 뇌 영상 기법으로 장기간 지속되는, 학습으로 인한 뉴런의 활동을 기록할 수 있을지도 모른다는 생각이 들게 된다. 즉 특정 기억의 응고화의 배후에 있는 뉴런 반응의 변화를 뇌 영상 기법으로 기록하는 게 가능할지도 모른다. 오늘날까지 이 문제를 연구하기 위해 뇌 영상 기법을 사용한 연구로는 프랭크 헤이스트Frank Haist와 동료들[34]의 것이 유일하다. fMRI를 사용한 이 연구에서는 응고화 과정에 참여하는 기간이 해마는 몇 년이지만 해마에 인접해 있는 후각속겉질entorhinal cortex은 수십 년임을 시사하는 증거가 나왔다. 그러나 현재로는 해마복합체가 아주 긴 시간 동안 기억 응고화에 관여한다는 가설의 주된 증거는 해마복합체의 기능에 영향을 주는 손상 및 질병의 효과에 관한 임상 및 실험 연구에서 나온다.

한 특이한 연구에서 런던의 엘러너 머과이어Eleanor Maguire와 그녀의 동료들[35]은 해마를 많이 사용하면 그 구조의 변화가 일어날 수도 있다는 발견을 했다. MRI 영상법을 사용하여 그들은 런던의 숙련된 택시 기사들의 해마 크기를 조사했다. 런던의 택시 기사들은 런던 지도를 아주 자세하게 알아야만 한다. 길을 찾아간 경험이 별로 많지 않은 통제 집단의 사람들에 비해 택시 기사들은 뒤쪽 해마 부분이 약간 더 컸다. 이에 반해 앞쪽 해마 부분은 통제 집단이 더 컸다. 더욱이 택시 기사들의 앞쪽과 뒤쪽 해마 영역의 부피는 택시 운전을 한 개월 수에 따라 어느 정도 달라지는 경향이 있었다(상관계수가 각각 −0.60과 +0.50). 머과이어와 동료들은 또한 fMRI를 사용하여 뇌 활동을 관찰하는 연구도 했는데, 여기서는 택시 기사들에게 런던의 복잡한 노선들을 회상하라고 하자 오른쪽 해마가 활성화되었다. 이런 연구 결과가 택시 운전을 잘하려면 뒤쪽 해마가 크고 기능적으로 활성화되어야(그리고 앞쪽 해마는 작아야) 함을 의미하는 것으로 보일 수도 있지만 이것만으로는 그런 결론에 도달할 수 없다. 텡과 스콰이어(미주 23을 보라)의 연구 결과를 보면 양쪽 해마가 심하게 손상된 환자 E.P.는 해마 손상이 발생하기 50년 전에 살았던 마을의 길들을 아무 어려움 없이 기억했다. 이는 잘 학습된 공간 정보를 회상하기 위해서 꼭 온전한 해마가 필요하지는 않다는 것을 보여준다. 정리하자면, 인간뿐 아니라 동물 연구의 결과를 보면 관계 정보(역주_공간 정보는 여러 장소나 요소들 사이의 관계를 나타내는 것이므로 관계 정보의 일종이다)를 습득하는 데 해마가 관여함은 의심의 여지가 별로 없다. 하지만 장기 기억의 토대가 되는 변화가 일어나는 바로 그 장소가 해마라는 증거는 거의 없다. 해마를 사용하면 구조적 변화가 일어나기는 하지만, 그러한 해부학적 변화가 곧 기능의 향상으로 이어지는지는 아직까지 불분명하다. 해마 크기의 변화가 단순히 뇌의 다른 부위에 저장될 새로운 관계 정보를 응고화하기 위해서 해마가 더 많이 사용되었음을 반영하는 것일 수도 있기 때문이다. 하지만 이러한 결론이 난다면, 그것 하나만으로도 극히 중요한 의미를 가질 것이다.

기억 : 일시적인 것과 오래 지속되는 것

윌리엄 제임스의 말이 옳았다. 일차 기억과 이차 기억은 서로 다른 형태의 기억이며, 서로 다른 뇌 과정에 토대를 두고 있다. 기억상실 환자뿐 아니라 우리들 대부분에게도 최근에 생겨난 기억이 그냥 사라지는 경우가 흔하다. 매일 하는 경험의 자세한 기록은 대부분 일기에 남거나 최신 모델의 디지털 기록 장치에 저장된다. 하지만 우리에게 오래 지속되는 기억이 있음은 분명한 일이다. 그런 기억은 순간적으로 만들어지는 것이 아니라 앞에서 이야기했듯이 시간이 지나면서 천천히 응고화된다. 우리의 장기 기억은 다양해서, 자세한 것도 있고 대략적인 것도 있으며 강한 것도 있고 약한 것도 있다. 다음 장에서는 강하고 오래 지속되는 기억의 형성을 조절하는 데 관여하는 뇌 과정과 그 관련 상황을 살펴보겠다.

 미주

1. James, W. (1890), p. 643.
2. Ribot, T., *Diseases of Memory*, Appleton, New York, 1882.
3. Whitty, C. W. M. and Zangwill, O. L., 'Traumatic amnesia', in Whitty and Zangwill (eds.), *Amnesia*, Appleton-Century-Crofts, 1966, pp. 92–108.
4. Russell, W. R. and Nathan, P. W., 'Traumatic amnesia', *Brain* 69 (1946), 280–300.
5. Müller, G. E., and Pilzecker, A., 'Experimentalle beitrage zur lehre vom gedächtnis', *Z. Psychol.* 1, (1900), 1–288.
6. Burnham, W. H., 'Retroactive Amnesia: Illustrative cases and a tentative explanation', *American Journal of Psychology* 14 (1903), 382–96.
7. Cerletti, U. and Bini, L., 'Electric shock treatment', *Boll. Accad. Med. Roma* 64 (1938), 36.
8. Duncan, C. P., 'The retroactive effect of electroshock on learning', *Journal of Comparative and Physiological Psychology* 42 (1949), 32–44.
9. McGaugh, J. L., and Herz, M. J., *Memory Consolidation*, Albion Publishing Company, San Francisco, 1972, p. 204; McGaugh, J. L., 'Time-dependent processes in memory storage', *Science* 153 (1966), 1351–58; McGaugh, J. L., 'Memory: a century of consolidation', *Science* 287 (2000), 248–51.

10. Hebb, D. O., *The Organization of Behavior*, Wiley, New York, 1949.
11. Hebb, D. O. (1949), p. 62.
12. Agranoff, B. W., Davis, R. E. and Brink, J. J., 'Memory fixation in the goldfish', *Proceedings, National Academy of Sciences, USA* 54 (1965, 788–93.
13. Izquierdo, I., Barros, D. M., Mello e Souza, T., de Souza, M. M. and Izquierdo, L. A., 'Mechanisms for memory types differ', *Nature* 393 (1998), 635–6.
14. Karni A., Sagi D., 'The time course of learning a visual skill', *Nature* 365 (1993), 250–52.
15. Shadmehr, R. and Holcomb, H. H., 'Neural correlates of motor memory consolidation', *Science* 277 (1997), 821–5.
16. Weinberger, N. M., 'Tuning the brain by learning and by stimulation of the nucleus basalis', *Trends in Cognitive Sciences* 2 (1998), 271–3.
17. Galvan, V. V. and Weinberger, N. M., 'Long-term consolidation and retention of learning-induced tuning plasticity in the auditory cortex of the guinea pig', *Neurobiology of Learning and Memory* 77 (2002), 78–108.
18. Rose, S. P. R., 'Time-dependent processes in memory formation revisited', in Gold, P. E. and Greenough, W. T. (eds.), *Memory Consolidation: Essays in Honor of James L. McGaugh*, American Psychological Association, Washington, DC, 2001, pp. 113–28; Menzel, R. and Müller, U., 'Learning and memory in honeybees: from behavior to neural substrates', *Annual Review of Neuroscience* 19 (1996), 379–404; Emptage, N. J., and Carew, T. J., 'Long-term synaptic facilitation in the absence of short-term facilitation in Aplysia neurons', *Science* 262 (1993), 253–6.
19. Barbizet, J., 'Defect of memorizing of hippocampal-mammillary origin: a review', *Journal of Neurology and Neurosurgery Psychology* 26 (1963), 127–35.
20. Scoville, W. B. and Milner, B. (1957).
21. Milner, B., 'Amnesia following operation on the temporal lobes', in Whitty, C. W. M. and Zangwill, O. L. (eds.), *Amnesia*, Appleton-Century-Crofts, 1966, pp. 109–33.
22. Corkin, S., 'What's new with the amnesic patient H.M.?', *Nature Reviews Neuroscience* 3 (2002), 153–60.
23. Teng, E. and Squire, L. R., 'Memory for places learned long ago is intact after hippocampal damage', *Nature* 400 (1999), 675–7.
24. Warrington, E. K., and Weiskrantz, L., 'The effect of prior learning on subsequent retention in amnesic patients', *Neuropsychologia* 12

(1974), 419-28.
25. Squire, L. R., Cohen, N. J. and Zouzounis, J. A. 'Preserved memory in retrograde amnesia: sparing of a recently acquired skill', *Neuropsychologia* 22 (1984), 145-52; Graf, P., Squire, L. R. and Mandler, G. 'The information that amnesics do not forget', *Journal of Experimental Psychology* 10 (1984), 164-78.
26. Whitty, C. W. M. and Zangwill, O. L. (1966), p. 106.
27. Brown, A. S., 'Consolidation theory and retrograde amnesia in humans', *Psychonomic Bulletin and Review* 9 (2002), 403-25.
28. Squire, L. R. and Alvarez, P., 'Retrograde amnesia and memory consolidation: a neurobiological perspective', *Current Opinion in Neurobiology* 5 (1995), 169-77.
29. Squire, L. R., Slater, P. C., and Chace, P. M., 'Retrograde amnesia: temporal gradient in very long-term memory following electroconvulsive therapy', *Science* 187 (1975), 77-9.
30. Kim, J. J., and Fanselow, M. S., 'Modality-specific retrograde amnesia of fear', *Science* 256 (1992), 675-7.
31. Rugg, M. D., 'Memories are made of this', *Science* 218 (1998), 1151-2.
32. Alkire, M. T., Haier, R. J., Fallon, J. H., and Cahill, L., 'Hippocampal, but not amygdala activity at encoding correlates with long-term, free recall of nonemotional material', *Proceedings, National Academy of Sciences, USA* 95 (1998), 14506-10.
33. 대단히 유사한 결과가 fMRI를 이용한 다른 실험들에서 나왔다 : Brewer, J. B., Zhao, Z., Desmond, J. E., Glover, G. H., and Gabrieli, J. D. 'Making memories: brain activity that predicts how well visual experience will be remembered', *Science* 281 (1998), 1185-7; Wagner, A. D., Schacter, D. L., Rotte, M., Koutstaal, W., Maril, A., Dale, A. M., Rosen, B. R. and Buckner, R. L., 'Building memories: remembering and forgetting of verbal experiences as predicted by brain activity', *Science* 281 (1998), 1188-91.
34. Haist, F., Gore, J. B., and Mao, H., 'Consolidation of human memory over decades revealed by functional magnetic resonance imaging', *Nature Neuroscience* 4 (2001), 1139-45.
35. Maguire, E. A., Gadian, D. G., Johnsrude, I. S., Good, C. D., Ashburner, J., Frackowiak, R. S. J., and Frith, C. D., 'Navigation-related structural change in the hippocampi of taxi drivers', *Proceedings, National Academy of Sciences, USA* 97 (2000), 4398-403; Maguire E. A., Frackowiak, R. S. J. and Frith, C. D., 'Recalling routes around London: activation of the right hippocampus in taxi drivers', *Journal of Neuroscience* 17 (1997), 7103-10.

4

응고화 조절하기 : 기억이 오래 가게 하려면

여러 해 전 한 지인이 아이의 학습과 기억을 개선시킬 수 있는 약의 이름을 물어 온 적이 있다. 그녀의 아이는 학습이나 기억에 뚜렷한 장애가 없었기 때문에 나는 그녀가 왜 아이에게 그런 약을 주려고 하는지 의아하게 생각했다. 하지만 이유는 분명해 보였다. 통증을 완화시키는 데, 각성을 유지하는 데, 불안과 우울을 줄이는 데 일상적으로 그리고 광범위하게 약물이 사용된다. 그러니까 학습과 기억을 향상시키고 그래서 아이의 교육에 도움이 되도록 약을 사용하면 안될 이유가 어디 있을까? 화학물질을 통한 기억 향상이 가능하다면 말이다.

하지만 아직까지 아이의 학습과 기억을 향상시키는 데 적절한 약물은 없다. 나아가 어른의 기억을 향상시키는 데 좋은 약물도 없다. 알츠하이머병의 치료를 위해 사용되는 일부 약물을 제외하곤 말이다. 그렇지만 정상적인 어린이와 어른의 학습과 기억을 개선시키는 약물을 찾아내는 데에 상당한 관심이 모아지고 있다는 점에는 의심의 여지가 별로 없다. 위의 질문을 받고 난 이후 몇 년 동안 나는 친구나 이웃들에게 기억 향상 약물이 안전하고 효과가 있다면 그것을 스스로 복용하거나 자기 아이에게 먹일 의향이 있는지 물어보곤 했다. 그러면 일반적으로 (예외는 있었지만 매우 적었다) '그렇다'는 대답이 꽤나 빨리 돌아왔다. 오늘날 너무도 많은 제품들이 기억 촉진제임을 암시하는 이름으로 팔리고 있는 이 마당에 당신은 내가 왜 그런 질문을 구태여 했는지 궁금해할지도 모르겠다. 이들 제품의 판매량을 보면 소비자들이 학습과 기억을 향상시키는 데 아주 큰 관심을 갖고 있음을 알 수 있다. 하지만 문제는, 소비자를 현혹하는 현재 시판 중인 이런 제품들이 과연 효과가 있는지 별로 믿을 만한 증거가 없다는 점이다. 뿐만 아니라 일부 제품은 흔히 사용되는 다른 약물들과 함께 복용했을 때 기억에 장애를 주거나 다른 유해 작용을 일으킬 수도 있다.

앞에서 이야기했듯이 알츠하이머병 같은 기억 장애의 치료를 위해 승인된 약물은 여러 가지가 있다. 하지만 아직까지 이들 약물은 효과가 크게 좋지 못하며, 기억 장애가 없는 내 이웃이나 친구들(또는 그들의 아이들)에게 권장할 만한 것이 아님은 분명하다. 제약회사와 생물공학회사들은 현재 연간 수백만 달러를 투자하여 기억 장애 그리고/혹은 기억 쇠퇴를 치료하는 데 효과가 있는 약물을 개발하려 하고 있다. 그런 약물이 개발된다면, 그리고 효과가 있을뿐더러 안전성이 보장되고 부작용이 크지 않다면, 단순히 기억을 좀 더 잘하려는 보통 사람들이 그것에 큰 관심을 가질 것(즉 구매할 것)임은 분명하다. 그런 약물이 개발되었을 때 기억 장애가 **없는** 사람들이 복용해도 될지는 사회적으로 많은 함의를 담고 있는 매우 복잡한 문제이다. 예를 들어 아이의 도시락 속에 밥과 반찬 옆에 기억 향상 알약을 함께 싸 준다고 상상해 보라. 이런 일이 결국 일어나 버린다면 그 알약이 안전하고 아주 값이 싸서 모든 사람이 먹을 수 있는 것이기를 희망하는 수밖에 없다. 그런데, **모두가 그** 약을 먹을 수 있다면, 굳이 그걸 먹을 필요가 있을까? 또한 그 약을 먹기에 앞서 결정적으로 중요한 문제가 하나 있다. 즉 우리의 **모든** 경험에 대한 기억을 강하게 만드는 것이 과연 좋은 생각일까? 2주 전 목요일에 점심으로 무엇을 먹었는지 굳이 기억할 필요가 있을까? 아마도 아닐 것이다. 우리가 한 모든 경험에 대해서 강한 기억을 가질 필요는 없다. 게다가, 나중에 논의하겠지만 모든 것을 기억하는 게 좋지 않은 일일 수도 있다. 인지적 카오스 상태가 발생할 수도 있기 때문이다. 그렇지만 2주 전 목요일에 중요한 일이 일어났다면 기억할 만한 가치가 있을 것이다. 어쩌면 추첨에서 당첨된 복권을 발견했을 수도 있다. 아니면 점심을 먹으면서 누군가와 화를 내며 싸웠거나 결혼 프러포즈를 받았을 수도 있고, 아니면 그 두 가지 일이 다 일어났을 수도 있다. 혹은 음식이 아주 맛있거나 아주 맛이 없었을 수도 있다. 이런 일은 모두 분명히 기억할 만한 가치가 있다. 왜냐하면 그게 미래의 행동에 중요한 영향을 미치기 때문이다. 따라서 우리에게 필요한 것은 **중요한** 경험만을 **선택적으로** 더 잘 기억하는 것이다. 다행히도 우리 뇌가 그런 목표를 달성할 수 있도록 자연이 방법을 찾아내 주었다. 이에 대해서는 다음 장에서 살펴보기로 하자.

앞 장에서 이야기했듯이 장기 기억의 형성을 방해하는 약물들이 많이 있다. 그렇다면 학습과 기억을 개선하는 약물도 있을까? 실험동물(대부분 쥐와 생쥐)을 사용한 많은 연구가 이 질문을 다루었다. 그 답은 '예'이다. 하지만 앞으로 보겠지만 좀 복잡한 '예'이다. 학습과 기억에 미치는 약물의 효과를 조사하는 대부분의 연구는 인간 기억을 향상시키는 약물을 찾는 것을 목표로 하지 않는다. 그보다는 그런 연구의 주요 목적은 대개 약물을 여러 다른 기법들과 함께 연구 도구로 사용하여 학습과 기억의 기초가 되는 신경 기전을 찾는 것이다. 약물이 학습과 기억에 미치는 영향에 관한 연구는 어떻게 중요한 경험이 오래 지속되는 기억을 남기는가에 대한 결정적인 단서를 제공하였다. 그런 연구를 통해 장기 기억을 생성하는 데 관여하는 신경 체계를 얼마나 잘 이해하게 되었는지를 살펴보자. 그러기에 앞서 우리는 먼저 약간의 역사적 배경, 몇몇 중요한 개념적 및 방법론적 문제, 그리고 몇 가지 실험 연구 결과를 알아볼 필요가 있다.

학습을 향상시키기

약물로 학습을 향상시키기를 연구한 최초의 실험을 1917년에 발표한 사람은 심리학자 칼 래쉴리[1]였다. 쥐를 여러 개의 골목길이 있는 미로에서 훈련시켰는데, 매 시행마다 마지막 정답 골목길 끝에는 먹이가 있었다. 매일 훈련시간 몇 분 전에 흥분제인 스트리크닌이 든 식염수 또는 순수 식염수를 쥐들에게 주사했다. 래쉴리의 실험은 흥분제를 경련을 일으키지 않을 정도의 낮은 용량으로 주사했을 때 쥐가 미로를 학습하는 속도가 개선되는지를 알기 위한 것이었다. 그 답은 '예'였다. 매훈련시간 전에 스트리크닌을 주사 받은 쥐들이 순수 식염수를 주사 받은 쥐들보다 미로를 더 잘 학습했던 것이다. 각 훈련시간마다 이들은 오류(틀린 골목길에 들어가는 것)를 더 적게 범했고, 올바른 미로 경로를 학습하는 데 필요한 훈련 시행의 수가 더 적었다.

당시에는 약국에서 살 수 있는 많은 일반의약품 혹은 '드링크제'에 소량의 스트리크닌이 흔히 들어 있었다. 하지만 스트리크닌은 쥐를 잡는 독약으로 사용되었고 지금도 그러함을 꼭 알아야 한다. 이 약물은 아주 낮은 용량에선 중추신경을 흥분시키고 더 높은 용량에선 발작과 죽음을 초래한다. 뿐만 아니라 앞으로 논의할 기억 향상 연구에서 사용된 대부분의 약물은 사람이 복용할 수 없는 약물이고, 또 복용해서는 안 된다는 점을 반드시 명심해야 한다. 이 약물들은 기억의 기전을 이해할 수 있게 해 주는 수단일 뿐이다.

내가 1950년대 중반 캘리포니아 대학교 버클리 캠퍼스에서 대학원을 다닐 때, 나와 루이스 페트리노비치Lewis Petrinovich는 뇌 화학과 행동에 관한 대학원 세미나를 준비하기 위해 도서관에서 자료를 찾다가 래쉴리의 논문을 발견했다. 이 논문이 특별히 우리의 흥미를 끈 이유는 그 연구가 우리가 아는 한 약물이 학습을 향상시킨다고 보고한 유일한 연구였기 때문이다. 그 결과를 반복검증할 수 있는지 확인하기 위해 우리는 그 실험을 반복했고 유사한 결과를 얻을 수 있어서 대단히 기뻤다.[2] 이 두 실험의 결과는 **분명한 것처럼** 보였다. 즉 뇌를 자극하는 약물을 소량 투여하면 학습과 기억이 향상된다는 것이다. 하지만 그 연구 결과가 보여 주는 것이 정말 이것일까? 반드시 그렇지만은 않다. 래쉴리와 마찬가지로 우리가 발견한 것은 훈련 전에 약물을 투여받은 쥐들의 미로 수행이 식염수를 받은 통제 집단보다 나았다는 사실뿐이다. 그 수행의 향상이 학습과 기억의 개선 덕분이라는 것은 하나의 **추론**일 뿐이다. 약물이 단순히 다른 이유(들)로 미로에서 길을 찾아가는 쥐의 수행을 개선시켰을지도 모르는 일이다.

그런 실험 결과를 이해하고 해석하려면 학습과 수행(에드워드 톨먼[3]이 처음 강조한)을 구분하는 일이 필수적이다. 약물이 감각계(예컨대 시각, 후각, 촉각 등), 각성, 주의, 운동 능력 혹은 다른 여러 과정을 개선시킴으로써 미로 수행을 향상시켰을 수도 있다. 물론 쥐가 미로에서 수행을 더 잘하게 만드는 데에만 관심이 있다면 그런 향상의 밑바탕에 대해서는 상관할 필요가 없다. 예컨대 동물 조련사는 학습/수행 구분에 관심이 없는 사람이다. 하지만 우리처럼 약물이 수행뿐 아니라 학습과 기억을 향상시켰는지를 알고 싶다면 위의 실험 결과는 단순히 시사점만을 줄 뿐이었다. 달리 해석할 수 있는 여지가 너무나 많았기 때문이다. 그 이후 대단히 많은 연구가 훈련 전에 동물에게 약물을 투여하면 학습 과제의 수행을 향상시킬 수 있다는 증거를 보고했다. 불행히도 이런 종류의 증거는 더 많이 나와도 흥미롭지도 않고 유용하지도 않다. 왜냐하면 수행이 나아지게 된 기초에 대해서는 아무런 중요한 실마리도 주지 않기 때문이다.

좀 더 확실한 단서

학습과 수행이 뒤얽히게 되는 복잡한 문제를 피하면서 약물에 의한 기억 향상을 연구할 방법은 없을까? 제3장에서 살펴본 연구 결과들은 훈련 후 약 한 시간 이내에 전기경련 충격요법을 시행하면 역행 기억상실이 생긴다는 것을 보여 주었다. 이는 학습이 일으킨 신경활동이 훈련 후 어느 정도의 시간 동안 계속되면서 지속적 기억을 응고화시킨다는 생각을 지지한다. 그래서 이 결과들은 약물이 수행에 미치는 효과를 걱정할 필요 없이 약물로 인한 기억 향상을 연구할 수 있는 한 방법을 제시한다. 훈련 후 계속되는 신경 과정이 장기 기억의 응고화에 필수적이라면 훈련 직후에 흥분제를 투여하여 기억 응고화를 향상시킬 수도 있을 것이라고 나는 추론하였다. 그렇게 하면 학습/수행 문제를 피할 수 있다. 왜냐하면 훈련 도중에도, 또 나중에 훈련에 대한 기억을 검사할 때에도 동물이 약물의 직접적인 영향 아래 있지 않을 것이기 때문이다. 그렇게 하면 약물이 뇌 활동에 영향을 주는 것은 훈련 시간 **이후**, 동물이 사육상자에서 조용히 쉬고 있을 때일 것이다. 그리고 그 약물은 몇 시간 이내에, 즉 다음 날 기억검사를 받기 훨씬 전에 제거되어(대사되고 배설되어) 버릴 것이다.

흥분성 약물(역주_자극성 약물이라고도 함)이 최근 경험에 대한 기억 응고화를 선택적으로 향상시킬지도 모른다는 새로운 생각이 머리에 떠오르자 나는 대학원 연구 지도교수들 중 한 사람의 연구실로 급하게 달려가서는 열의에 가득 차서 그에게 내 생각을 이야기했다. 그의 반응과 조언을 대략적으로 그리고 많이 편집해서 전달하자면, 그건 좋지 못한 생각이고 그래서 잊어버려야 한다는 것이었다. 오래 토론한 것도 아니었다. 그래서 나는 그가 안식년을 맞아 유럽으로 떠날 때까지 기다렸다. 그러고는 훈련 직후에 쥐에게 투여한 흥분제가 장기 기억에 미치는 효과를 연구한 첫 실험을 했다. 나는 이 실험에서 페트리노비치와 내가 이전 연구에서 사용한 것과 동일한 골목길 미로를 가지고 쥐를 훈련시켰다. 매일 훈련 **직후**에 어떤 쥐들은 아무 효과 없는 식염수를 주사 받았고 다른 쥐들은 집단에 따라 상이한 용량의 스트리크닌을 주사 받았다. 훈련 후 스트리크닌을 주사 받은 쥐들은 먹이라는 보상이 있는 곳으로 인도하는 올바른 미로 경로를 학습하기까지 더 적은 오류를 범했고 필요한 훈련 시행도 더 적었다.[4] 이 결과에 나는 너무나 기뻤다(그리고 놀랐다). 게다가 약물의 용량이 높을수록 기억 향상 효과가 더 컸다. 따라서 훈련후 약물주사가 기억을 향상시켰던 것이다.

하지만 내 결론이 옳았던 것일까? 과연 훈련후 약물주사가 기억을 향상시켰을까? 분명히 연구 결과는 그렇다고 시사하는 강력한 증거를 내놓았다. 나는 그렇다고 생각했다(적어도 그런 결론을 내리고 싶었다). 물론 과학적 연구에서 실험 결과가 어떤 가설이 **옳다**는 것을 **증명**할 수는 없다. 그렇지만 가설이 **틀렸**다는 것을 보여 줄 수는 있다. 특정 가설은 대안적인 해석들이 결정적 증거를 통해 제거되어 감에 따라 점점 더 믿을 만한 게 된다. 따라서 훈련후 약물주사가 기억을 향상시킨다는 결론을 내가 약간이라도 확신하기에 앞서, 위의 연구 결과가 어떻게 달리 해석될 수 있는지를 고려해 보아야 한다는 것은 당연한 일이었다.

무슨 실험이든지 실험을 할 때에는 실험자가 갖고 있을 수도 있는 편향이 실험에 영향을 주지 않도록 경계해야 한다. 나는 어느 병에 무슨 약물이 들어 있는지 모르도록 약물 병들을 기호로 표시하는 일반적인 방법을 썼다. 그 기호의 의미는 실험을 끝낸 뒤에나 알 수 있는 것이었다. 따라서 나는 어떤 쥐가 약물 용액을 주사 받았고 어떤 쥐가 식염수를 주사 받았는지를 몰랐기 때문에 실험자의 편향 때문에 위의 실험 결과가 얻어졌다고 해석할 수 있는 여지는 거의 없어 보였다. 그러면 훈련 후에 주어진 약물주사가 보상적이었기 때문일 가능성은 없을까? 어떤 종류의 약물은 보상 효과가 있는 것으로 유명하니까 말이다. (역주_보상적이란 말은 동물이 그것을 '좋아한다'는 의미이다. 따라서 그 약물이 좋아서 기억이 더 좋아졌을지도 모른다는 말이다.) 후속 연구에 의하면, 먹이라는 보상을 가지고 훈련시키던 것을 소량의 흥분성 약물로 대체하여 학습을 시켰더니 훈련후 약물주사가 학습에 영향을 주지 못했다. 따라서 학습 향상 효과가 보상 때문이라는 해석도 배제할 수 있다. 또 다른 가능성은 훈련 후에 주사한 약물이 24시간 이내에 완전히 대사 혹은 배설되지 않았을 수 있고 따라서 주사 다음 날 행해진 기억 검사에 직접적인 영향을 주었을지도 모른다는 것이다. 이런 해석은 다른 연구 결과들 때문에 배제되었다. 흥분성 약물은 훈련 후 바로 투여할 때 가장 효과가 좋다. 훈련 후 몇 시간이 지난 뒤, 다시 말해 검사 시간에 좀 더 가까운 시점에 약물을 주사하면 기억에 영향이 없다. 그러므로 훈련 직후에 투여된 약물이 기억 검사에까지 직접 영향을 줄 가능성은 매우 낮다. 제3장에 나왔던 그림 3.1의 윗부분에 그려진 곡선이 역행 기억향상을 나타낸다.

이후 여러 해에 걸쳐 세계 곳곳에 있는 여러 실험실에서 수행된 실험을 통해 훈련 후에 약물을 투여하면 기억이 향상될 수 있다는 결과가 반복검증되었다. 그리고 그런 실험 결과들에 의해 대안적 가설들은 배제되었다.[5] 따라서 약물이 기억 응고화를 향상시킬 수 있다는 결론을 강력하게 지지하는 증거가 이제는 많아졌다. 결국 내 생각이 그다지 나쁜 것은 아님이 드러난 것이다.

어디로 갈까, 무슨 반응을 할까

약물에 의한 기억향상 연구는 미로 학습 연구에서 시작되었다. 하지만 학습 과제에는 많은 종류가 있는데, 상이한 과제는 상이한 형태의 기억을 진단하는 것이고 그 기억에 관여하는 뇌 체계 또한 다르다. 그러므로 추가 증거가 없다면 앞에서 내린 결론이 좀 너무 강한 어조의 결론이 된다. 먹이 보상을 사용한 미로 훈련에 대한 기억을 약물이 향상시킨다는 점에는 의심의 여지가 거의 없다. 하지만 미로 훈련에서와는 다른 뇌 체계가 관여하는 다른 종류의 과제들에 대한 기억도 약물에 의해 향상될까? 이 중요한 질문에 접근하는 실험 방식은 두 가지이다. 동물 (특히 쥐나 생쥐)의 학습에 관한 연구에서 일반적으로 사용되는 많은 종류 의 학습 과제를 가지고 훈련후 약물투여가 기억에 미치는 효과를 살펴 본 실험이 많다. 이 실험들은 어떤 과제가 특정 기억 체계나 뇌 체계를 진단하는 것인지를 알아보려고 특별한 노력을 기울이지는 않는다. 하 지만 이런 연구에서 사용된 다양한 과제들은 어떤 종류의 학습이 아마 도 어떠한 뇌 체계에 의존할지를 대략 평가할 수 있게 해 주는 것으로 보 인다. 한편, 다른 실험들은 특정 뇌 체계가 관여하는 특정 형태의 기억 을 진단할 것이라 생각되는 학습 과제를 사용하였다. 우리는 이 두 가지 부류의 실험을 보여 주는 몇몇 예를 살펴볼 것이다. 이런 연구에서 일반 적으로 사용되는 과제들이 어떤 유형인지 적어도 조금은 아는 것이 중 요하다. 그래야만 어떻게 그런 과제를 사용한 연구 결과가 약물에 의한 기억 응고화 향상을 보여 주는 증거가 되는지 알 수 있을 것이다.

미로에서 동물은 분명히 미로 내의 특정한 장소로 가는 것을 학습한 다. 그리고 훈련이 진행됨에 따라 특정 반응을 하기(예컨대 어디서 어느 쪽 으로 돌기)도 학습한다. 해마는 미로 학습의 초기 단계에 관여하고 꼬리 핵은 그 이후 단계에 관여한다는 증거(제2장을 보라)에 비추어 볼 때 훈련 후에 투여된 약물은 당연히 장소 학습과 반응 학습 모두에 영향을 줄 것이다. 나중에 논의되겠지만 그렇다는 증거는 충분히 많다. 그런데 또 한 단 한 번의 훈련 시행에서 미로의 어디에서 보상을 받았는가에 대한 기억을 약물이 향상시킨다는 명백한 증거도 있다. 이 문제에 대한 초기 연구[6]에서 페트리노비치와 나는 바닥에서 1미터 정도 높이에 설치한 개방형(즉 벽이 없는) T-미로에서 목이 말라 있는 쥐를 훈련시켰다. 매번 의 훈련 시행에서 쥐들은 미로의 한쪽 가지길의 끝에 가야만 물을 마실

수 있었다. 그러고는 쥐들에게 바로 다음 시행에서는 물이라는 보상이
T-미로의 **다른** 쪽 가지길의 끝에만 있다는 것을 가르쳤다. 쥐가 이 과
제를 성공적으로 수행할 수 있는 유일한 방법은 바로 앞에 한 선택을
기억하여 그다음 시행에서 그와는 다른(반대편) 가지길로 가는 것이었
다. 첫 번째 수행 후에 식염수를 주사 받은 쥐들은 약 세 시간이나 지난
후에도 두 번째 시행에서 성공적 수행(즉 다른 가지길을 선택)을 할 수 있었
다. 첫 번째 시행 후 스트리크닌을 주사 받은 쥐들은 심지어 아홉 시간
이나 지난 뒤에도 두 번째 시행에서 올바르게 수행했다. 이 실험에서
사용된 최대 지연 기간이 아홉 시간이었으므로 어쩌면 더 오랜 시간이
지난 뒤에도 올바른 수행을 했을지도 모른다. 여기서는 반응이 아니라
장소에 대한 기억이 향상되었음이 분명하다. 왜냐하면 올바른 선택을
하려면 바로 앞 시행에서 했던 반응과는 다른 반응(T-미로의 선택 지점에
서 오른쪽으로 아니면 왼쪽으로 돌기)을 해야 했기 때문이다. Y-미로를 사용
한 또 다른 실험에서는 생쥐에게 먹이를 보상물로 주는 훈련 시행을 매
일 여러 차례 하였다. 미로의 가지길이 한쪽은 검은색이고 다른 쪽은
흰색이었는데, 그 위치는 왼쪽과 오른쪽이 임의로 바뀌었다. 그리고 생
쥐에게는 먹이가 가지길의 위치가 아닌 가지길의 명도와 관련되어 있
음을 가르쳤다. 여러 가지 흥분성 약물을 소량으로 매일 훈련 직후에
혹은 훈련 약 한 시간 **전**이나 **후**에 투여하자 기억이 향상되었다.

　약물로 인한 기억 향상 연구에서 훈련 시에 어떤 유형의 보상이나 동
기가 사용되는가는 중요하지 않은 것으로 보인다. 많은(아마도 대부분의)
연구들이 발에 가하는 전기충격을 사용하여 혐오적 훈련을 시킨다. 능
동 회피 과제를 사용하는 실험이 많은데, 이 과제에서는 동물이 발에
오는 전기충격을 피하기 위해 상자의 한쪽에서 다른 쪽으로 이동하거

나, 레버를 누르거나, 바퀴를 돌리는 등 특정한 반응을 하도록 훈련을 받는다. 이런 과제들은 신호가 나오면 무슨 반응을 해야 할지를 학습하는 과제임이 분명하다. 다른 실험에서는 동물이 발의 전기충격을 피하기 위해 어두운 가지길과 불이 켜진 가지길 같은 두 가지 단서를 변별하는 훈련을 받는다. 이 과제에서는 동물이 무슨 반응(도망가기)을 할지와 어느 장소(특정 가지길)로 갈지를 학습한다. 흔히 사용되는 또 다른 과제는 맥락 공포조건형성이다. 이 과제에서는 단순히 동물을 실험장치에 넣고 발에 전기충격을 몇 번 가한다. 이 훈련 경험에 대한 기억을 평가하는 전형적인 방법은 나중에 그 장치에 동물을 다시 넣고서 동결 반응을 보이는(즉 움직이지 않고 있는) 시간을 재는 것이다.[7]

기억향상 연구에서 아마도 가장 자주 사용되는 혐오적 과제는 억제적 회피(역주_앞서 나온 능동 회피와 대비시켜서 수동 회피라고도 한다)일 것이다. 이 과제는 맥락 공포조건형성과 공통되는 특징을 갖고 있다.[8] 억제적 회피 훈련의 절차는 다음과 같다. 동물을 작은 시작 칸 혹은 작은 단상 위에 놓아두고, 각각 더 큰 칸으로 들어가거나 단상에서 내려오면 바로 발에 단 한 번 저강도 전기충격을 준다. 이 단일 시행 훈련 경험에 대한 기억을 검사하는 방법은 대개 하루나 이틀 뒤 동물을 시작 칸 혹은 단상에 놓고 이전에 전기충격을 받았던 위치로 가기까지 얼마나 시간이 걸리는지를 재는 것이다. (역주_따라서 동물이 전기충격을 받았던 위치로 다시 들어가기를 억제함으로써 전기충격을 회피한다는 의미로 억제적 회피라 한다.) 피크로톡신이라는 흥분성 약물이 억제적 회피 기억에 미치는 효과가 그림 4.1에 나타나 있다. 훈련 직후에 투여한 피크로톡신은 다음 날 검사해 보니 기억을 향상시켰지만, 훈련 두 시간 뒤에 투여한 피크로톡신은 기억에 영향을 미치지 않았다.[9] 이는 미로 학습 과제를 사용한 이전의 연

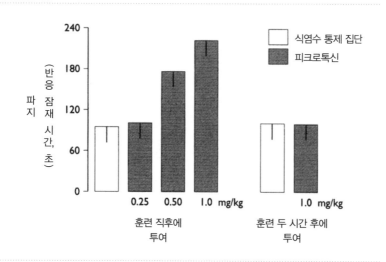

그림 4.1 훈련 직후에 투여한 피크로톡신은 기억 응고화를 향상시킨다

억제적 회피 훈련 직후에 쥐에게 이 약물을 투여하면 하루 후에 실시된 검사에서 기억향상이 나타난다. 그 효과는 약물의 용량에 비례하여 달라진다. 훈련 두 시간 후에 투여한 약물은 기억에 영향을 미치지 않는다. 이 훈련후 시간 의존적 효과는 그 약물이 기억 응고화에 영향을 미친다는 결론을 내리는 데 필수적인 요소이다.

출처 : Castellano and McGaugh, 1989.

구 결과와 유사하다. 영국의 신경과학자 스티븐 로즈Steven Rose는 다른 유형의 억제적 회피 과제를 사용하여 생후 며칠 된 병아리를 훈련시켜 기억 향상을 연구하는 실험을 많이 하였다.[10] 처음에 병아리에게 토할 것 같은 맛이 나는 용액에 담갔던 구슬을 쪼게끔 한다. 그리고 다음날 그 구슬을 제시하면 병아리는 그것을 회피하는데, 이런 행동(이런 얼굴 표정이라고 말하고 싶지만)은 병아리가 그 토할 것 같은 맛을 기억하고 있음을 분명하게 보여 준다. 모든 종류의 억제적 회피 과제에서, 검사 시에 반응이 나올 때까지 걸리는 시간이 길어진다는 것은 혐오적 경험을 잘 기억한다는 증거로 간주된다. 또한 단 한 번의 훈련 시행에서 짧은 경험을 통해 학습이 일어나기 때문에 동물이 훈련 시의 신호와 혐오적 경험 사이의 연관에 대한 외현적 정보를 습득하고 유지하는 것이 분명해 보인다. (역주_단일 시행에서 학습이 일어나기 때문에 대개 많은 시행에 걸쳐 일어나는, 암묵 학습의 일종인 반응 학습과 대비시켜 하는 이야기이다.)

매우 분명한 사실은 약물이 기억 응고화를 향상시키는 현상이 미로 학습을 사용한 연구에만 국한되지 않는다는 점이다. 앞에서 이야기한 모든 과제와 절차들뿐 아니라 여러 가지 다른 것들도 훈련후 약물투여가 기억 응고화에 미치는 향상 효과를 연구하는 데 사용되어 왔다. 그리고 기억 향상의 증거는 그 모든 과제들에서 발견되었다.[11] 물론 이 세상의 가능한 모든 종류의 경험에 대한 기억을 약물이 향상시킬 수 있는지는 알 수 없다. 훈련후 약물투여로 향상되지 않는 어떤 종류의 기억이 분명히 있을 수 있다. 하지만 이제는 다음과 같은 강력한 결론을 정당화할 만한 증거가 충분히 있다. 즉 약물이 기억 응고화를 향상시킬 수 있으며, 그런 효과는 특정 종류의 기억이나 좁은 범위의 기억 과제에 국한되지 않는다는 것이다.

기억을 선택적으로 향상시키기

당신은 이런 질문을 할지도 모르겠다(그리고 위의 내용을 읽으면서 이런 의문이 당연히 생겨났을 것이다). 약물이 기억 응고화를 향상시킬 수 있다는 것을 아는 게 중요한가? 그런 연구 결과가 동물을 훈련시키는 데 사용될 (혹은 사용되어야 할) 것 같지는 않다. 코끼리나 사자에게 훈련 후에 약물을 주사하는 모습을 상상해 보면 답이 나온다. 그게 아니라면, 그런 연구 결과가 인간의 기억력 향상을 위한 약물 개발로 곧바로 이어질까? 즉 아이(혹은 어른) 도시락에 넣을 작은 알약이 나오게 될까? 별로 그럴 것 같지 않다. 그것도 아니라면, 기억이 향상될 수 있다는 사실을 아는 게 중요할까? 꼭 그런 것은 아니다. 하지만 훈련 **직후**에 투여한 약물이 기억을 향상시킨다는 점, 그리고 훈련 몇 시간 뒤에 투여한 약물은 기억을 향상시키지 않는다는 점을 아는 것은 실제로 **중요**하다. 다시 말해, **최근의 경험**에 대한 기억을 약물이 **선택적으로** 향상시킬 수 있다는 증거는 대단히 중요한 연구 결과이다.

학습 직후의 뇌는 장기 기억의 응고화가 방해를 받거나(역행 기억상실) 향상될 수도 있는 상태에 있다. 이런 연구 결과는 (최소한) 두 가지 의문을 제기한다. 먼저 우리의 뇌가 왜 그런 영향을 받도록 만들어졌을까? 이 중요한 문제는 곧 이 책의 주된 주제 중 하나로서 다음 장에서 다룰 것이다. 둘째, 약물에 의한 기억 향상에 관한 연구에서 알게 된 정보를 이용하여 기억 응고화를 조절하는 뇌 기전을 이해할 수 있을까? 이 두 번째 의문에 관해 이제 살펴보자.

뇌에 있는 스위치를 켜고 끄기

이제까지 나는 스트리크닌과 피크로톡신이 내는 효과에 관해 이야기했지만 다른 '흥분제'들의 기억향상 효과는 자세하게 다루지 않았다. 1960년대에는 메트라졸, 피조스티그민, 암페타민을 비롯하여 상이한 작용을 하는 많은 약물이 기억 응고화를 향상시킨다는 보고가 있었다. 그런 약물을 나열하면 긴 목록이 만들어지지만, 약물 효과의 요약표를 작성하려고 많은 약물을 연구하는 것은 아니다. 서로 다른 약물은 서로 다른 기전을 통해 뇌에 영향을 준다. 위에서 언급된 각각의 약물은 서로 다른 방식으로 뇌 기능에 영향을 미친다는 것을 우리는 이제 알고 있다. 약물의 작용을 알면 기억을 응고화시키는 뇌 체계에 대한 단서를 얻을 수 있다. 여러 가지 약물이 어떻게 작용하는지를 알아보자. 이 분야의 연구를 살펴보려면 많은 약물의 이름을 거론해야 하고 그 주요 작용을 알아야 한다. 표 4.1은 이 약물들이 뇌 활동 및 기억 응고화에 미치는 영향을 요약하고 있으므로 이 절을 읽어 나가는 데 도움이 될 것이다.

기억 응고화에 약물이 미치는 효과를 연구하기 시작하던 시절(1950년 대 후반 및 1960년대 초반)에는 약물의 작용 기전에 대해서 알려진 바가 별로 없었다. 스트리크닌, 메트라졸(펜틸렌테트라졸) 및 피크로톡신은 흥분 제 혹은 경련제로만 알려져 있었다. 제2장에서 살펴본 것처럼 메트라졸은 정신장애의 치료에서 발작을 일으키기 위해 사용되고 간질 치료 약의 연구에도 사용된다. 최근 몇십 년에 걸쳐서 이들 약물 및 기억 응고화에 영향을 주는 다른 많은 약물들이 어떻게 뇌 활동에 영향을 주는 지가 많이 밝혀졌다. 피크로톡신은 뉴런의 활동을 억제하는 신경전달 물질인 GABA의 작용을 막는다는 것이 이제는 알려져 있다. 따라서 피크로톡신에 의한 흥분은 뇌에서 분비되는 GABA가 활성화시키는 뉴런에 있는 수용체를 피크로톡신이 차단함으로써 간접적으로 생기는 것이다. 즉 억제의 억제가 흥분을 일으킨다. 뮤시몰이라는 약물은 정상적으로 분비된 GABA와 유사하게 작용하여 뉴런의 활동을 억제하며 역행 기억상실을 가져온다. 불안 치료에 사용되는 바륨 및 다른 벤조디아제핀은 GABA의 억제 효과를 증가시키는 작용을 한다. 그러므로 이런 약물들이 기억 응고화를 방해하며[12] 벤조디아제핀의 작용을 차단하는 한 가지 약물(플루마제닐)이 기억 응고화를 향상시키는 것[13]은 당연한 일이다.

표 4.1 기억 응고화에 영향을 주는 몇 가지 약물

약물	신경수용체에 대한 작용
피크로톡신, 비큐쿨린	GABA 수용체 차단(GABA는 억제성 신경전달물질임)
디아제팜(바륨)	(벤조디아제핀계 약물) GABA의 효과를 강화
플루마제닐	벤조디아제핀의 작용을 차단
뮤시몰	GABA 수용체를 활성화
날록손	아편제 수용체를 차단
모르핀, 베타엔도르핀	아편제 수용체를 활성화
옥소트레모린	콜린성 수용체를 활성화
피조스티그민	간접적으로 콜린성 수용체를 활성화하는 작용
스코폴라민, 아트로핀	콜린성 수용체를 차단
암페타민	노르아드레날린 수용체와 도파민 수용체를 (간접적으로) 자극

　흥분성 신경전달물질인 글루타민산염을 훈련 후에 주사하면 기억이 향상되고, 글루타민산염에 의해 활성화되는 특정 종류의 수용체를 차단하는 약물은 기억 장애를 일으킨다. 신경전달물질인 아세틸콜린에 영향을 미치는 약물 또한 기억에 영향을 준다. 알츠하이머병을 치료하는 데 사용되는 여러 약물은 뇌에서 뉴런이 분비하는 아세틸콜린의 작용을 더 오래 지속시킨다. 이는 아세틸콜린을 분해하는 효소를 억제함으로써 일어나는데, 이런 작용을 하는 피조스티그민은 기억 응고화를 향상시키는 것으로 밝혀진 최초의 약물들 중 하나였다.[14] 따라서 결과적으로 그런 약물들은 아세틸콜린에 민감한 뇌 수용체(콜린성 수용체라고 부름)를 자극한다. 옥소트레모린 같은 약물은 콜린성 수용체 중 흔한 종류 한 가지(무스카린 수용체)를 직접 자극한다. 그리고 아트로핀과 스코폴라민 같은 약물은 무스카린 콜린성 수용체를 차단한다. 콜린성 수용체

를 자극하는 약물은 기억을 향상시키며 이 수용체를 차단하는 약물은
역행 기억상실을 낳는다는 사실이 많은 실험에서 밝혀졌다.

유사한 패턴의 효과를 여러 다른 부류의 약물에서도 찾아볼 수 있다.
즉 날록손과 같이 아편제 수용체를 차단하는 약물은 기억 응고화를 향
상시킨다. 아편계 펩티드인 베타엔도르핀, 그리고 아편계 수용체를 직
접 자극하는 약물인 모르핀은 기억 응고화를 방해한다. 노르에피네프
린에 의해 활성화되는 수용체(아드레날린 수용체)를 직접 자극하는 약물뿐
아니라 이 수용체를 간접적으로 자극하는 암페타민 같은 약물은 기억
응고화를 향상시킨다. 그러므로 뇌의 아드레날린 수용체를 차단하는
약물은 기억 응고화에 장애를 일으킬 수 있다.

여기서 분명하고 일관된 하나의 이야기가 생겨난다. 즉 뇌의 특정 수
용체를 켜거나 끄는 것이 기억 응고화에 영향을 줄 수 있으며, 그런 수
용체를 자극하는 약물과 차단하는 약물은 기억 응고화에 서로 반대되
는 효과를 낸다는 것이다.[15]

기억해야 할 몇몇 뇌 구조 : 아몬드, 해마, 그리고 꼬리

앞에서 간단히 요약한 연구들은 물론 그 결과를 모아서 표로 만들기 위
해서 행해진 게 아니었다. 그보다는, 그 연구들은 뇌의 교신용 화학물
질인 신경전달물질(그리고 흥분성 및 억제성 신경전달물질의 작용을 조절하는 신
경조절물질)에 약물이 어떻게 작용하여 기억 응고화에 영향을 주는지를
보여 주는 흥미롭고 중요한 증거를 제공한다. 앞에서 언급한 대부분의
약물은 신체(즉 정맥, 근육 혹은 다른 말초 부위)에 주사된 후 곧 뇌로 직접 들
어가는데, 오래 지속되는 기억의 형성을 약물이 조절하는 작용은 바로

뇌에서 일어난다. 하지만 앞에서 요약한 증거를 근거로 한 이런 결론은 추론에 지나지 않는다. 이 약물들이 혈관 내에서, 근육 내에서, 혹은 신체의 공동空洞 내에서 일어나는 기억 과정에 영향을 미친다는 결론을 내릴 사람은 거의 없을 것이다. 약물이 뇌에서 작용한다는 가정은 뇌의 특정 부위에 약물을 직접 주사해 봄으로써 검증할 수 있다. 이 주제에 관한 많은 연구가 알아낸 바로는 앞에서 논의된 약물들 모두가 특정 뇌부위에 주사했을 때 기억 응고화에 영향을 준다. 하지만 더욱 흥미로운 것은 그런 효과가 뇌의 어느 부위에 약물을 주사했는가에 따라 달라진다는 점이다. 그러므로 기억 응고화에서 서로 다른 뇌 영역이 어떻게 관여하고 어떤 역할을 하는지 알아내는 데 약물이 매우 유용한 도구가 된다.

아몬드

편도체amygdala는 (인간의 경우) 아몬드 모양으로 생긴 부위로서 양쪽 관자엽 깊숙한 곳에 있다(제2장의 그림 2.3을 보라). 이 구조는 기억 응고화 연구에서 맨 처음 연구된 부위들 중 하나이다. 1960년대 초 그레이엄 고다드Graham Goddard는 쥐의 편도체를 전기적으로 자극하면 혐오적 훈련 경험에 대해서 역행 기억상실이 일어남을 발견하였다. 이후 많은 연구가 이 결과를 확증해 주었고, 이에 덧붙여 중요한 발견을 하였다. 즉 훈련 직후에 편도체를 낮은 강도로 전기자극하면 기억이 **향상**된다는 것이었다.[16] 이 연구들은 편도체를 기억 응고화에 관여하는 핵심적인 부위로 확립시켜 주었다.

　이 결과들은 또한 약물을 편도체에 직접 주사하면 기억 응고화가 영향을 받을지도 모른다는 흥미로운 가능성을 제시했다. 미켈라 갤러거

Michela Gallagher와 동료들이 이에 대해 선구적인 연구를 하였다. 그들의 연구에서는 억제적 회피 훈련 직후에 아편제 수용체 차단약물인 날록손을 쥐의 편도체에 소량 주사하자 기억이 향상되었다.[17] 아편계 약물인 레보파놀은 기억을 방해했다. 그들은 또한 아드레날린 수용체에 영향을 주는 약물을 편도체에 주사하면 기억 응고화에 영향이 있음을 발견하였다. 뒤이어 나의 실험실에서도 앞에서 언급된 다른 종류의 과제들뿐만 아니라 억제적 회피 훈련 뒤에 편도체에 여러 가지 약물을 주사하는 연구를 하였다.[18] 약물을 신체에 주사했던 이전의 연구 결과와 마찬가지로 콜린성 자극제인 피조스티그민이나 옥소트레모린을 편도체 내에 주사하자 기억이 향상되었고 콜린성 수용체 차단제인 아트로핀이나 스코폴라민은 기억을 방해했다. 또한 GABA 수용체 길항제인 비큐큘린은 기억을 향상시켰고 GABA 수용체 효능제인 뮤시몰은 기억을 방해했다.

여기서 뚜렷한 그림이 떠오른다. 즉 이런 연구에서 사용된 모든 약물은 신체에 주사할 때와 편도체 내에 주사할 때 기억 응고화에 유사한 효과를 낳았다. 그런데 더 연구해 보니 좀 더 복잡하고 흥미로운 그림이 그려졌다. 아드레날린 수용체 차단제(베타차단제인 프로프라놀롤 같은)를 편도체에 주사하자 신체에 주사한 비큐큘린이나 날록손의 기억 향상 효과가 차단되었다. 이 결과는 이 약물들이 적어도 부분적으로는 편도체 내의 작용을 통해 기억에 영향을 준다는 점을 시사한다. 또한 그러려면 편도체 내 아드레날린 수용체의 작용이 촉발되어야만 한다는 것을 시사한다.(역주_아드레날린 수용체는 몇 가지 종류로 나뉘는데, 그중 하나인 베타수용체를 차단하는 약물을 베타차단제라고 한다. 프로프라놀롤은 흔히 쓰이는 고혈압 치료제이다.)

　따라서 이런 연구 결과는 복잡하지만 편도체 내에서 일어나는 약물 작용의 결과는 단순할 수 있다. 여러 종류의 약물이 기억 응고화에 미치는 영향은 편도체 내에서 통합되는 것으로 보인다. 즉 여러 약물의 작용은 궁극적으로 편도체 내에서 노르에피네프린의 분비와 아드레날린 수용체의 활성화에 영향을 미치게 되고 그 종합적인 결과가 기억 응고화에 대한 효과인 것이다. 약물 연구에서 나온 이런 결과와 결론을 지지하는 다른 연구들이 있다. 쥐를 대상으로 한 이 연구들은 편도체 내의 노르에피네프린 분비에 약물과 훈련이 미치는 영향을 조사하였다. 이 실험들에선 먼저 미세투석 탐침을 편도체에 삽입하여 세포외액을 수집한 다음, 그 세포외액을 ('고성능 액체 크로마토그래피', 즉 HPLC라 불리는 기법을 사용하여) 분석하여 노르에피네프린의 양을 측정하였다. 기억 응고화를 향상시키는 약물인 날록손이나 피크로톡신을 신체에 주사하면 편도체 내의 노르에피네프린 수준이 증가하였다. 뮤시몰을 비롯하여 응고화를 방해하는 약물들은 노르에피네프린 수준을 감소시켰다. 더욱이 대단히 흥미로운 결과는 바로 억제적 회피 훈련이 편도체 내의 노르에피네프린 수준을 증가시켰다는 점이다. 나아가서, 기억 검사를 해 본 결과 각각의 동물의 기억은 그들이 훈련을 받은 후 측정된 편도체 내 노르에피네프린 수준과 직접적으로 관련되었다.[19] 편도체 내에서 분비되는 노르에피네프린이 기억 응고화를 조절하는 중요한 요인임이 분명하다(표 4.2를 보라).

　흥미롭고 중요하고도 복잡 미묘한 결과는 이뿐만이 아니다. 콜린성 수용체 차단제인 아트로핀 혹은 스코폴라민을 편도체에 주사하면 아편계 수용체, GABA 수용체, 아드레날린 수용체에 작용하는 약물을 신체에 또는 편도체 내에 주사했을 때 나타나는 기억 조절 효과가 차단된다.

표 4.2 기억 응고화와 편도체 노르에피네프린 분비에 처치가 미치는 영향

처치	신경수용체 효과	기억에 미치는 효과	편도체 노르에피네프린
에피네프린	아드레날린 수용체 효능제	향상	증가
피크로톡신	GABA 길항제	향상	증가
뮤시몰	GABA 효능제	방해	감소
날록손	아편계 수용체 길항제	향상	증가
베타엔도르핀	아편계 수용체 효능제	방해	감소
억제적 회피 훈련			증가

따라서 편도체 내에서 일어나는, 노르에피네프린이 관련된 것으로 알려진 약물의 효과는 또한 편도체 내의 콜린성 자극에 의해 조절된다. 다음 장에서 더 논의하겠지만, 편도체의 하위 영역인 가쪽바닥 편도체 basolateral amygdala는 기억 응고화 조절에 관여하는 핵심 부위이다.

해마와 꼬리

약물이 편도체에만 작용하여 기억에 영향을 줄까? 그 답은 확실히 '아니요'이다. 훈련 후 약물을 여러 다른 부위에 주사해도 기억을 향상시킬 수 있다. 이미 본 것처럼 뇌에는 그 모양을 근거로 이름이 붙여진 부위가 많다. '적색핵red nucleus' 혹은 '하올리브inferior olive'는 어떤 모습일지 쉽게 추측할 수 있을 것이다. 기억에 중요한 두 영역인 해마(sea horse)와 꼬리핵(caudate는 꼬리를 뜻함)은 앞 장들에서 잠시 언급했었다. 훈련 후에 이들 뇌 영역에 약물을 주사하면 기억 응고화에 영향을 준다. 하지만 이들 영역은 최근에 학습한 정보의 유형이 무엇인지를 매우 까다롭게 가린다. 이 두 영역에 약물을 투여하면 서로 다른 종류의 훈

련에 대한 응고화에 선택적으로 영향을 미친다.

　먼저 배경 지식을 좀 살펴보자. 이 주제를 다룬 연구 중에는 쥐를 '모리스 수중 미로'[20]라는 지름 약 2미터의 단순한 물탱크에서 훈련시키는 것이 많다. 흔히 사용하는 한 가지 과제는 쥐가 수면보다 약간 아래에 있는(하지만 보이지는 않는) 투명한 플라스틱 도피대로 헤엄쳐 가는 것이다. 방 안에는 벽에 붙은 포스터나 캐비닛 같은 분명히 볼 수 있는 '표지'가 있고, 도피대는 그 표지들을 중심으로 항상 탱크 안의 특정 위치에 있다. 또 다른 과제에서는 눈에 보이는, 즉 '단서가 있는' 도피대로 헤엄쳐 가는 훈련을 받는다. 그 도피대에는 무늬가 있는 공이 붙어 있고, 매 훈련 시행마다 도피대의 위치는 달라진다. 노먼 화이트Norman White와 마크 패커드[21]의 연구진은 해마의 기능에 영향을 주는 뇌 손상이 수면 아래 도피대의 위치를 학습하는 데에는 장애를 초래했으나 단서가 붙어 있는 도피대로 헤엄쳐 가기를 학습하는 데에는 영향을 주지 않음을 발견하였다. 반면에 꼬리핵이 손상되면 단서 학습에 장애가 나타났지만 위치 학습(즉 장소 학습)에는 장애가 나타나지 않았다. 뇌 손상의 효과를 조사하는 많은 연구가 해마와 꼬리핵이 각각 장소 학습(어디로 갈 것인가)과 단서 학습(무엇을 할 것인가)이라는 서로 다른 유형의 학습에 선택적으로 관여한다는 결과를 얻었다. 그러므로 마크 패커드와 그의 동료들이 뒤이어 한 실험의 결과는 아마도 당연한 것이었다. 이들은 위치 혹은 단서 학습 훈련 뒤에 해마나 꼬리핵 중 한 군데에 약물을 주사했는데, 그 효과는 다르게 나타났다. 즉 훈련 후 해마에 암페타민을 주사하면 위치 훈련에 대한 기억만 향상되었고, 꼬리핵에 암페타민을 주사하면 단서 훈련에 대한 기억만 향상되었다.[22]

　서로 다른 학습 과제가 주어질 때 이 두 군데 뇌 영역이 해야 할 일이 서로 다름이 분명하다. 하지만 어디로 갈지에 대한 학습과 무엇을 할지에 대한 학습 두 가지 모두가 일어날 수 있는 과제가 주어지면 무슨 일이 일어날까? 해마와 꼬리핵이 T-미로 학습에서 하는 역할에 대한 연구는 제2장에서 언급했었다. 상기해 보면, 보상물이 있는 장소를 학습하는 초기 단계에서는 해마가 관여하고, 훈련이 계속되면 꼬리핵이 반응 학습에 관여한다는 결과가 나왔다. 마크 패커드는 T-미로 학습에서 두 종류의 학습 모두가 훈련후 약물주사로 향상될 수 있음을 발견하였다. 하지만 그 효과는 해마와 꼬리핵 중 어디에 훈련후 주사를 하는지에 따라 달라졌다.[23] 이 연구에서는 며칠에 걸쳐서 날마다 훈련 직후에 쥐들이 식염수 혹은 흥분성 신경전달물질인 글루타민산염 주사를 해마 혹은 꼬리핵에 받았다. 보상물은 항상 T-미로의 똑같은 위치에 있었다. 8일째 되는 날과 16일째 되는 날에 쥐들이 검사를 받았는데, 이때에는 T-미로의 출발점이 있는 가지길이 180° 돌려져 있었다. 이는 쥐들이 방 안의 어느 특정 위치로 가기를 학습했는지 아니면 선택 지점에서 특정 방향으로 도는 반응을 학습했는지를 알아내기 위해서였다. 이전의 연구 결과와 마찬가지로, 식염수 주사를 맞은 통제 집단의 쥐들은 8일째에는 보상을 받았던 장소로 갔고(훈련 때와는 반대 방향으로 도는 반응을 함), 16일째에는 이전에 훈련 시행 때마다 했던 반응을 했다(T-미로의 선택 지점에서 왼쪽 또는 오른쪽으로 도는 반응을 함). 훈련 직후에 약물을 주사 받은 쥐들에게서는 아주 다른 결과가 나왔다. 학습 초기에 각 훈련 시행 후에 해마에 글루타민산염 주사를 받은 쥐들은 8일째와 16일째에 모두 보상물이 있었던 장소로 갔다. 이들은 그 장소로 가기를 유지했고, 추가 훈련 뒤에도 식염수 통제 집단처럼 반응 학습으로 바뀌지 않았다. 따라서 해마에 글루타민산염을 주사하면 보상물의 위치에 대한 쥐의 기억이 향상되고, 그 주사를 맞지 않았을 때에는 추가 훈련이 반응 학습을 가져오지만 주사를 맞으면 장소 기억이 강하게 유지된다. 대조적으로, 초기 학습 시행 후에 꼬리핵에 글루타민산염 주사를 맞은 쥐들은 16일째뿐만 아니라 8일째에도 반응 학습을 하였다. 학습 초기에 훈련 시행 후 꼬리핵을 활성화시키면 반응 학습이 향상되고 더 빨리 반응 학습으로 옮겨 갔던 것이다.

아몬드를 다시 보면

몇몇 뇌 영역이 특정 종류의 정보를 응고화시키는 데 전념한다는 것은 분명하다. 하지만 편도체는 종류를 가리지 않는다. 기억 응고화에 미치는 영향에 관한 한 편도체는 학습된 정보의 유형에 관해서는 까다롭지가 않다. 아마도 이는 별로 놀랍지 않은 일일 텐데, 왜냐하면 편도체는 기억과 관련된 것으로 알려진 많은 뇌 부위와 강하게 연결되어 있기 때문이다(그림 4.2를 보라).[24] 앞에서 지적한 것처럼 훈련 뒤 편도체에 약물을 주사하면 훈련 경험에 대한 많은 상이한 종류의 장기 기억을 향상시킬 수 있다. 마크 패커드, 래리 케이힐Larry Cahill 및 동료들(미주 22를 보라)이 한 실험은 편도체가 **장소** 학습과 **단서** 학습 둘 다에 영향을 미친다는 사실을 아주 명확하게 보여 주었다. 이에 반해 앞에서 이야기한 실험, 즉 쥐가 수중 미로 과제에서 위치 혹은 단서를 찾아가는 훈련을 받은 실험을 보자. 이 실험은 훈련 후에 암페타민을 해마에 주사하면 장소 학습이, 꼬리핵에 주사하면 단서 학습이 선택적으로 향상된다는 것을 보여 주었다. 이 두 뇌 영역에서 나타난 선택성과는 대조적으로 훈련 후 편도체에 암페타민을 주사하자 장소 학습과 단서 학습 두 가지가 모두 향상되었다.

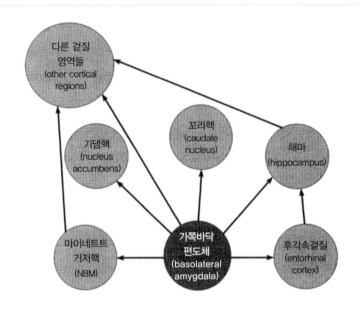

그림 4.2 가쪽바닥 편도체는 기억 응고화에 관여하는 많은 뇌 부위들과 직접 연결되어 있다
그런 연결을 통해 가쪽바닥 편도체는 다른 뇌 부위에서 일어나는 기억 응고화에 영향을 줄 수 있다.

이런 결과는 해마와 꼬리핵이 관여하는 기억 응고화 과정에 편도체가 영향을 미친다는 것을 강력하게 시사한다. 그 연구의 다른 결과들이 이 결론을 지지하는 증거를 더 내놓았다. 해마에 리도카인(역주_국소마취제의 하나)을 주사하여 해마의 기능을 일시적으로 차단하면 편도체에 암페타민을 주사했을 때 생기는 장소 기억 향상 효과가 완전히 사라졌다. 꼬리핵에 리도카인을 주사하면 단서 학습에 편도체가 미치는 영향이 사라졌다. 또 다른 특별히 중요한 연구 결과가 있다. 즉 장소 학습이나 단서 학습에 대한 기억을 검사하기 전에 편도체에 리도카인을 주사해도 기억에는 아무런 효과가 없었다. 따라서 훈련에 대한 기억이 저장된 곳이 편도체가 아님은 아주 분명하다.

　편도체에 주입된 약물은 기억 응고화에 관여하는 다른 뇌 영역들에 가해지는 편도체의 영향을 변경시킴으로써 기억에 영향을 주는 것으로 보인다. 뇌의 다른 영역에서 일어나는 기억 응고화를 조절하는 데 편도체의 활동이 심지어 결정적인 것일 수도 있다. 편도체를 꼬리핵과 연결시키는 신경로인 분계섬유줄stria terminalis을 파괴하면 훈련 후 꼬리핵에 직접 약물을 주사했을 때 생겨나는 기억향상 효과가 없어진다.[25] 나의 실험실에서 수행한 다른 연구에서는 편도체를 손상시키거나 일시적으로 불활성화시키면 훈련 후 해마 혹은 후각속겉질entorhinal cortex에 약물을 투여했을 때 나타나는 기억향상 효과가 차단되었다.[26] 후각속겉질은 해마와 직접 정보를 주고받는 부위이다.

　이반 이즈키에르도와 동료들[27]은 일련의 광범위한 연구에서 편도체가 기억에 일시적으로만 영향을 미칠 뿐임을 보여 주는 더 많은 증거를 얻었다. 이들은 쥐에게 억제적 회피 훈련을 시킨 후 한 달 혹은 두 달이 지난 뒤 기억 검사를 하였다. 검사 전에 뉴런의 활동을 억제하는 뮤시몰 같은 약물을 편도체나 해마에 주입하면 기억에 아무런 영향이 없는 반면에 후각속겉질 혹은 또 다른 겉질 영역인 두정겉질parietal cortex에 주입하면 쥐들이 기억을 잘하지 못하였다. 이 효과는 심지어 훈련 후 두 달이 지난 뒤에도 나타났다. 이런 결과는 편도체나 해마와는 달리 이 겉질 영역들이 오래 지속되는 기억의 장기적 유지에 결정적으로 관여한다는 것을 강력하게 시사한다.

약물과 오래 지속되는 기억

자, 이제 이 장의 도입부에서 제기된 질문에 답해 보자. 약물은 기억을 향상시킬 수 있을까? 그 답은 '예'이다. 상이한 작용을 하는 다양한 약물들이 기억을 향상시킨다. 여기서 살펴본 증거들은 약물이 최근 경험에 대한 기억 응고화를 자극함으로써 기억을 향상시킨다는 점을 분명히 보여 주고 있다. 기억 응고화에 미치는 약물 효과에 대한 연구는 이런 증거를 통해 오래 지속되는 기억의 생성을 담당하는 기전에 대한 중요한 실마리를 밝혀냈다. 그리하여 편도체 내 노르에피네프린의 작용이 특히 중요한 역할을 한다는 발견에 이르게 되었다. 또한 이런 연구들은 편도체가 대뇌 겉질을 비롯한 다른 뇌 영역에 영향을 주어서 기억 응고화를 조절하는 뇌 부위임을 밝혀냈다(그림 4.3을 보라).

잠을 자야, 어쩌면 꿈을 꾸어야 기억이 될지도

우리는 일생의 약 3분의 1을 자면서 보낸다. 현재의 평균 수명에 견주어 보면 우리는 모두 대략 25년을 잔다고 예상할 수 있다. 참으로 많이 자는 것이다. 우리는 왜 이렇게 많이 잘까? 매일 밤 자는 동안 우리는 꿈을 꾼다. 꿈꾸는 시간을 합쳐 보면 몇 년은 족히 되고도 남는다. 꿈속에서 우리는 도저히 꿈도 꾸지 못할 일을 하고 꿈도 꾸지 못할 곳에 간다. 꿈도 꾸지 못하는 게 아니라, 꿈이니까 가능한 일이다. 심리학자와 신경과학자들이 여러 세대에 걸쳐서 심혈을 기울여 연구했음에도 불구하고 잠과 꿈의 원인과 기능은 아직도 밝혀지지 않고 있다. 우리는 대개 꿈을 잘 기억하지 못하지만, 최근의 경험이 섞여 들어간 꿈은 누구

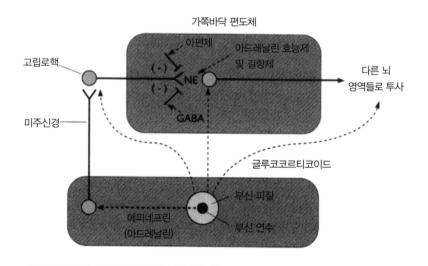

그림 4.3 가쪽바닥 편도체 내에서 일어나는 스트레스 호르몬 효과와 신경조절성
상호작용

정서적 각성은 부신 연수에서 에피네프린(아드레날린)을 그리고 부신 피질에서 코르티솔(쥐에게서는 코르티코스테론)을 분비시킨다. 에피네프린은 미주신경에 있는 수용체를 자극하는데, 미주신경은 편도체에 노르에피네프린(NE)을 분비하는 뇌 속의 뉴런들과 연결되어 있다. 코르티솔은 자유로이 뇌로 들어가서 기억 응고화에 영향을 주는 많은 뇌 부위에 작용한다. 이러한 코르티솔의 작용이 일어나려면 편도체 내에서 NE가 분비되어 노르아드레날린성 수용체가 활성화되어야 한다. 억제성 신경전달물질인 GABA와 아편계 펩티드는 편도체 내의 NE 분비를 억제한다. GABA와 아편계 펩티드의 작용을 차단하는 약물은 편도체 내의 NE 분비를 증가시켜서 기억 응고화를 향상시킨다.

나 꾼 적이 있다. 설사 왜곡되고 기이한 방식으로 나타나더라도 말이다. 우리가 그토록 많은 시간을 그런 모호한 마음 상태로 지내는 것을 보면 잠이나 꿈에는 적어도 무언가 적응에 도움이 되는 용도가 있을 것이다.

잠의 기능 중 하나로 1925년 심리학자 J. G. 젠킨스Jenkins와 K. M. 달런바흐Dallenbach[28]가 (내가 알기로는) 최초로 제안한 것은 잠이 망각을 막거나 혹은 적어도 늦춘다는 것이다. 그들은 사람들에게 무의미 철자를 학습시킨 후 여덟 시간 동안 깨어 있게 했을 때보다 중간에 여덟 시간을 자게 했을 때 기억이 더 좋음을 발견했다. 그러면 잠이 단지 새로운 학습에 의한 간섭 효과를 차단하는 데 그칠까? 그렇지 않다. 이 연구보다 앞서서 1914년에 독일의 심리학자 R. 하이네Heine[29]가 했던 연구는 잠이 최근에 학습한 내용의 응고화를 촉진함을 시사했다. 사람들에게 무의미 철자를 초저녁 또는 잠자기 직전에 학습시키고 24시간 후에 검사를 했는데, 잠자기 직전에 학습한 사람들이 그 내용을 더 잘 기억했던 것이다.

이 흥미로운 연구 결과는 수십 년 동안 '응고화' 되도록, 그리고 희미해지도록 방치되었다. 그러다가 1900년대 중반에 역행 기억상실과 기억 응고화에 관한 연구 덕분에 잠이 기억 응고화에서 하는 역할에 다시 관심이 쏠리게 되었다. 이 분야를 부활시킨 최초의 계기는 동물 연구였다. 뇌 활동을 EEG로 기록해 보면 잠에는 두 가지 단계가 있는데, 하나는 서파 수면(낮은 주파수, 높은 진폭의 파가 발생)이고 다른 하나는 REM 수면(급속 안구운동rapid eye movement과 함께 일어나는 낮은 진폭의 빠른 파가 발생)이다. 초기의 연구에서 윌리엄 피쉬바인William Fishbein(당시 내 실험실의 박사후 연구원이었다)은 생쥐에게 억제적 회피 훈련을 시킨 뒤 REM 수면을 지속적으로 박탈하면 전기경련 충격을 훈련 후 이틀이나 지나서 주어도 역행 기억상실이 발생함을 발견하였다.[30] (역주_전기경련 충격은 대개 훈련 직후에 주어야 역행 기억상실을 일으킬 수 있으며 훈련 후 몇십 분만 지나서 주어도 효과가 없다.) 이어서 파리의 뱅상 블로흐Vincent Bloch와 그의 동료들은 쥐가 매일 미로 훈련을 받은 직후에는 REM 수면이 증가하며, 훈련 후 REM을 박탈하면 학습이 지연된다는 결과를 보고했다.[31] 이런 결과들 역시 관심을 끌기에는 오랜 기간의 '응고화' 가 필요했던 것으로 보인다. 왜냐하면 최근에 와서야 기억 응고화에서 수면 단계들이 하는 역할에 지대한 관심이 모아지기 시작했기 때문이다.

로버트 스틱골드Robert Stickgold와 그의 동료들[32]은 시각적 변별 과제를 학습한 사람들이 하룻밤을 자고 나야만 수행의 향상을 나타낸다고 보고했다. 대단히 흥미로운 점은 그런 향상이 잠든 후 첫 몇 시간 동안 발생하는 서파 수면의 양과 일어나기 전 몇 시간 동안 발생하는 REM 수면의 양에 따라 달라진다는 것이었다. 이런 결과는 시각적 변별 훈련에 대한 기억의 응고화가 시간의 경과 때문이 아니라 수면 중 일어나는 처리 과정 때문이라는 하이네의 가설을 강력하게 지지한다. 또 다른 결과는 훈련을 더 하지 않더라도 둘째 날의 수면 후에 수행이 더욱 향상되었다는 것이다. 하지만 그러려면 첫째 날 밤에 꼭 자야만 했다. 잠은 또한 운동 기술의 응고화도 촉진한다. 얀 본Jan Born과 동료들의 발견에 따르면 손가락으로 두드리는 운동 기술을 연습한 뒤 여덟 시간 동안 자고 나면 그 기술의 수행 수준이 훨씬 높아졌다. 이런 결과들은 지각적 기술 및 운동 기술의 응고화에 잠이 필수적임을 강력하게 시사한다. 여기에는 또한 실용적으로도 중요한 시사점이 당연히 있을 것이다. 본과 그의 동료들은 이렇게 제안한다. '(악기 연주나 운동을 배우는 것 같은) 일상생활의 기술에 이 결과를 일반화시켜 보자면, 그런 기술의 최적 수행 수준에 도달하기 위해서는 잠이 꼭 필요하다는 결론을 내릴 수 있다.'[33] 내가 고등학교와 대학교에서 오케스트라 활동을 하던 시절에는 연습 시간이 대개 수업일 이른 아침에 잡혀 있었다. (다른 많은 이유들도 있겠지만) 이 사실이 내가 왜 전문 연주자가 되지 않았는지를 설명해 줄 수도 있다. 그러나 그런 기술을 연마하는 데 잠이 필요할 수는 있지만 잠을 잔다고 해서 다 되는 것은 분명히 아니다!

이러한 동물 및 인간 연구에서 나온 결과는 분명하고 일관성이 있다. 즉 잠은 기억 응고화를 증진시킨다. 하지만 자면서 일어나는 무슨 과정이 그런 효과를 일으킬까? 브루스 맥노튼Bruce McNaughton과 매튜 윌슨Matthew Wilson[34]의 연구에 따르면, 해마에는 동물이 낮 동안 어떤 장치의 특정한 위치에 있을 때 어떤 패턴을 이루며 함께 활동하는 뉴런들이 있다. 그런데 이 뉴런들이 나중에 잠을 자는 동안에도 똑같은 패턴으로 함께 활동하는 경향이 있다는 것이다. 그렇게 특정 패턴의 활동이 다시 일어나는 것이 그날의 경험에 대한 기억을 응고화시키는 데 어떤 역할을 할 수도 있다고 이들은 제안하였다. 편도체는 기억 응고화에 중요한 역할을 한다. 따라서 기억 응고화에 잠이 영향을 주려면 자는 동안 편도체의 활성화가 필수적일 수 있다는 게 당연한 생각이다. 자는 동안 편도체의 뉴런들은 서로 동기화되어 진동하듯이 발화하는데, 데니스 파레Denis Paré와 동료들[35]은 이런 활동이 기억 응고화에 필수적인 관자 영역과 겉질 사이의 상호작용을 촉진할 수도 있다고 제안하였다. 편도체는 기억 응고화를 조절하는 일을 하면서 별로 쉬지를 않는 것으로 보인다.

기억에서 편도체의 역할을 재발견하다

인간의 다른 여러 활동 분야뿐 아니라 과학에서도 어떤 중요한 생각이 시대를 앞서서 나타났다가 무시된 후에 나중에 '재발견'되는 경우가 종종 있는 듯하다. 나는 최근 신경생리학자 랄프 제라드Ralph Gerard가 썼던 글에서 미래를 예견한 듯한 구절을 발견했다. 그는 기억에서의 편도체 기능에 약물이 미치는 영향을 연구할 꿈도 꾸지 못했던 몇십 년 전에 다음과 같은 가설을 제안했다. 편도체가 '겉질 뉴런들에 직접 작용하여 … 겉질로 들어오는 개별 충동들에 대한 반응성을 … 변경시킬지도 모른다 … 이 핵들은 비록 그 자체가 기억 흔적의 저장소는 아니라할지라도 경험이 얼마나 쉽게 그리고 완전하게 고정되느냐를 쉽사리조절할 수 있을 것이다.'[36] 물론 이제는 그의 생각을 지지하는 증거들이상당히 있어서, 편도체가 바로 그런 일을 하는 것으로 보인다. 다음 장에서는 편도체가 그렇게 할 수 있다는 것이 왜 중요한 일인지를 살펴볼것이다.

 미주

1. Lashley, K. S., 'The effects of strychnine and caffeine upon the rate of learning', *Psychobiology I* (1917), 141–70.
2. McGaugh, J. L., and Petrinovich, L., 'The effect of strychnine sulphate on maze-learning', *The American Journal of Psychology* 72 (1959), 99–102.
3. Tolman, E. C. (1932).
4. McGaugh, J. L., 'Some neurochemical factors in learning', unpublished PhD thesis (1959), University of California, Berkeley.
5. McGaugh J. L., 'Involvement of hormonal and neuromodulatory systems in the regulation of memory storage', *Annual Review of Neuroscience* 12 (1989), 255–87; McGaugh, J. L., 'Dissociating learning and performance: drug and hormone enhancement of memory storage', *Brain Research Bulletin* 23 (1989), 339–45.
6. Petrinovich, L., Bradford, D. and McGaugh, J. L., 'Drug facilitation of memory in rats', *Psychonomic Science* 2 (1965), 191–2.
7. Fanselow, M. S., 'Factors governing one-trial contextual conditioning', *Animal Learning and Behavior* 18 (1990), 264–70; Kim, J. J., and Fanselow, M. S. (1992).
8. 억제적 회피를 맨 처음 연구한 사람은 톨먼의 실험실의 대학원생이었던 브래드포드 허드슨(Bradford Hudson)이다. 단일 시행 학습에 대한 역행 기억상실을 연구할 수 있도록 그 절차를 수정한 사람은 머레이 자빅(Murray Jarvik)이다.

9. Castellano, C., and McGaugh, J. L., 'Retention enhancement with posttraining picrotoxin: lack of state dependency', *Behavioral and Neural Biology* 51 (1989), 165-70.

10. Rose, S. P. R. (2001).

11. McGaugh, J. I., 'Drug facilitation of learning and memory', Annual Review of Pharmacology 13 (1973), 229-41; McGaugh, J. I., and Herz, M. J., Memory Consolidation, Albion Publishing Company, San Francisco, 1972. 약물은 또한 쥐의 공포 기억의 소거 훈련 직전이나 직후에 투여될 경우 소거를 향상시킬 수 있다. 소거 훈련이란 이전에 발에 가해지는 전기충격과 짝지어졌던 자극이 더 이상 그 전기충격을 수반하지 않는 절차를 가리킨다. 다음의 논문들을 보라. McGaugh, J. L., Castellano, C. and Brioni, J. D. 'Picrotoxin enhances latent extinction of conditioned fear', *Behavioral Neuroscience*, 104 (1990), 262-65; Walker, D L., Ressler, K. J., Lu, K. T. and Davis, M., 'Facilitation of conditioned fear extinction by systematic administration or intraamygdala infusions of d-cycloserine as assessed with fear-potentiated startle in rats', *Journal of Neuroscience*, 22 (2002), 2343-51.

12. Tomaz, C., Dickinson-Anson, H. and McGaugh, J. L., 'Basolateral amygdala lesions block diazepam-induced anterograde amnesia in an innhibitory avoidance task', *Proceedings, National Academy of Sciences, USA* 89 (1992), 3615-19.

13. Da Cunha, C., Wolfman, C., Huang, C., Walz, R., Koya, R., Bianchin, M., Medina, J. H. and Izquierdo, I., 'Effect of posttraining injections of flumazenil into the amygdala, hippocampus and septum on retention of habituation and of inhibitory avoidance in rats', *Brazilian Journal of Medical and Biological Research* 24 (1991), 301-6.

14. Stratton, L. O. and Petrinovich, L., 'Posttrial injections of an anti-cholinesterase drug on maze learning in two strains of rats', *Psychopharmacologia* 5 (1963), 47-54. This is the first study reporting that memory is enhanced by modulating acetylcholine activity.

15. McGaugh, J. L. and Cahill, L., 'Interaction of neuromodulatory systems in regulating memory storage', *Behavioural Brain Research* 83 (1997), 31-8.

16. Goddard, G., 'Amygdaloid stimulation and learning in the rat', *Journal of Comparative and Physiological Psychology* 58 (1964), 23-30. McGaugh, J. L., and Gold, P. E., 'Modulation of memory by electrical stimulation of the brain', in Rosenzweig, M. R., and Bennett, E. L. (eds.), *Neural Mechanisms of Learning and Memory*, The MIT Press, 1976, pp. 549-60.

17. Gallagher, M., Kapp, B. S., Pascoe, J. P., and Rapp, P. R., 'A neuropharmacology of amygdaloid systems which contribute to learning and

memory', in Ben-Air, Y. (ed.), *The Amygdaloid Complex*, Amsterdam, Elsevier/N. Holland, 1981, pp. 343–54.

18. McGaugh, J. L., Ferry, B., Vazdarjanova, A. and Roozendaal, B., 'Amygdala: Role in modulation of memory storage', in Aggleton, J. P. (ed.), *The Amygdala: A Functional Analysis*, Oxford University Press, London, 2000, pp. 391–423.

19. Quirarte, G. L., Galvez, R., Roozendaal, B. and McGaugh, J. L., 'Norepinephrine release in the amygdala in response to footshock and opioid peptidergic drugs', *Brain Research* 808 (1998), 134–40; Hatfield, T., Spanis, C. and McGaugh, J. L., 'Response of amygdalar norepinephrine to footshock and GABAergic drugs using *in vivo* microdialysis and HPLC', *Brain Research* 835 (1999), 340–45. McIntyre, C. K., Hatfield, T. and McGaugh, J. L., 'Amygdala norepinephrine levels after training produce inhibitory avoidance retention performance in rats', *European Journal of Neuroscience* 16 (2002), 1223–26.

20. Morris, R. G. M., 'Development of a water-maze procedure for studying spatial learning in the rat, *Journal of Neuroscience Methods* 11 (1984), 47–60.

21. White, N. M., and McDonald, R. J., 'Multiple parallel memory systems in the brain of the rat', *Neurobiology of Learning and Memory* 77 (2002), 125–84.

22. Packard, M. G., Cahill, L. and McGaugh, J. L., 'Amygdala modulation of hippocampal-dependent and caudate nucleus-dependent memory processes', *Proceedings, National Academy of Sciences, USA* 91 (1994), 8477–81; Packard, M. G., and Teather, L., 'Amygdala modulation of multiple memory systems: Hippocampus and caudate-putamen', *Neurobiology of Learning and Memory* 69 (1998), 163–203.

23. Packard, M. G., 'Glutamate infused post-training into the hippocampus or caudate-putamen differentially strengthens place and response learning', *Proceedings, National Academy of Sciences, USA* 96 (1999), 12881–6.

24. Young, M. P., 'The organization of neural systems on the primate cerebral cortex', *Proceedings, Royal Society of London B. Biological Sciences* 252 (1993), 13–18.

25. Packard, M. G., Introini-Collison, I. and McGaugh, J. L., 'Stria terminalis lesions attenuate memory enhancement produced by intra-caudate nucleus injections of oxotremorine', *Neurobiology of Learning and Memory* 65 (1996), 278–82.

26. McGaugh, J. L., 'Memory consolidation and the amygdala: A systems perspective', *Trends in Neurosciences* 25 (2002), 456–61.

27. Izquierdo, I., Quillfeldt, J. A., Zanatta, M. S., Quevedo, J., Schaeffer, E., Schmitz, P. K. and Medina J. H., 'Sequential role of hippocampus and amygdala, entorhinal cortex and parietal cortex in formation and retrieval of memory for inhibitory avoidance in rats', *European Journal of Neuroscience* 9 (1997), 786–93.

28. Jenkins, J. G., and Dallenbach, K. M., 'Oblivescence during sleep and waking', *American Journal of Psychology* 35 (1924), 605–12.

29. Heine, R., 'Uber Wiedererkennen und ruckinirkinde Hemmung', *Z. Psychol.* 68 (1914), 161–236.

30. Fishbein, W., McGaugh, J. L., and Swarz, J. R., 'Retrograde amnesia: Electroconvulsive shock effects after termination of rapid eye movement sleep deprivation', *Science* 172 (1971), 80–82.

31. Bloch, V., Hennevin, E., and LeConte, P., 'Interaction between posttrial reticular stimulation and subsequent paradoxical sleep in memory consolidation processes', in Drucker-Colin, R. R. and McGaugh, J. L. (eds.), *Neurobiology of Sleep and Memory*, Academic Press, 1977, pp. 255–72.

32. Stickgold, R., James, L., and Hobson, J. A., 'Visual discrimination learning requires sleep after training', *Nature Neuroscience* 3 (2000), 1237–8.

33. Fischer, S., Hallschmid, M., Elsner, A. L., and Born, J., 'Sleep forms memory for finger skills', *Proceedings, National Academy of Sciences, USA* 99 (2002), 11987–91.

34. Wilson, M. A., and McNaughton, B. L., 'Reactivation of hippocampal ensemble memories during sleep', *Science* 265 (1994), 676–8.

35. Paré, D., 'Mechanisms of Pavlovian fear conditioning: has the engram been located?', *Trends in Neuroscience* 25 (2002), 436–7.

36. Gerard, R. W., 'The fixation of experience', in Delafresnaye, J. F. (ed.), *Brain Mechanisms and Learning*, Charles C. Thomas, 1961, pp. 21–35.

기억에 새겨진 순간들

'다른 여느 날 같으면 기억하지 못할 사소한 "아무것도 아닌 것들"이
많이 기억난다 … 마치 아주 밝은 안경을 끼고서 그 하루를 보고 있는
것처럼 말이다. 반면에 다른 날들의 기억은 거의 회색빛 안개에 싸여
있는 사건들을 그냥 맨눈으로 보는 것 같다.'
6년 전의 자동차 사고 당일에 일어난 사건들에 대한 기억[1]

'커비네 집에서 넘어져서 내 턱이 찢어졌던 게 기억나? 그때 이 셔츠
를 입고 있었는데.'
두 돌 반 된 내 손자 트리스탄 알바가 엄마가 셔츠를 입혀 주자 스스로 하는 말
이다. 그 사고는 그의 사촌(또 다른 내 손자 커비 모로우)의 집에서 거의 1년 전
에 일어났던 일이다.

모 든 기억이 다 '평등하게' 태어나지는 않는다. 내가 오리건 주
포틀랜드에서 열린 학회에서 한 세션의 좌장으로 널따란 발표
장의 전면에 앉아 있었을 때 누군가가 발표장 안으로 들어와 내게 쪽지
를 하나 건네 주었다. 거기에는 케네디 대통령이 총에 맞았다는 얘기만
적혀 있었다. 나는 그 쪽지를 받았을 때 내가 어디에 있었고 무엇을 하
고 있었는지 분명하게 기억하고 있다. 나처럼 수백만 명의 다른 사람들
역시 1963년 11월의 그날 케네디 대통령의 암살 소식을 들었을 때를 기
억한다. 중요한 경험은 이렇게 강한 기억을 만든다. 앞서의 한 장에서

잠시 언급한 것처럼 바다에 추락한 비행기의 잔해 같은 끔찍한 광경을 목격한 사람들은 일반적으로 '…(그 장면은) 영원히 머릿속에 있을 거예요' 혹은 '…뇌리에 새겨져 있어요' 등의 이야기를 한다. 재난을 목격하거나 경험한 사람들에 대한 신문이나 TV의 인터뷰에서 흔히 찾아볼 수 있는 이런 이야기는 과장이 아닌 것 같다. 나치 집단수용소에 갇혔던 사람들이 1943~1947년에, 그리고 다시 1984~1987년에 증언한 자료를 보면, 수용소에서 겪은 끔찍한 경험이 20년이라는 세월 동안 놀라우리만큼 정확하고 자세하게 기억에 남아 있음을 알 수 있다.[2] '새겨져 있다'라는 표현은 그런 강한 기억을 나타내기에는 한심하리만큼 빈약한 말이다. 우리의 가장 생생한 기억들은 우리와 함께 무덤까지 가게 된다.

이런 기사와 결론들은 명료하고도 타당해 보인다. 우리는 모두 중요한 경험이 기억이 더 잘 된다는 것을 경험으로 알고 있다. 혹은 알고 있다고 적어도 믿고 있다. 케네디 대통령이 암살당한 사실을 알게 되었을 때 내가 있었던 곳과 하고 있었던 일을 과연 내가 분명히 알고 있는 걸까? 만약 그렇다면, 내가 기억하는 구체적인 세부 사항들은 무엇일까? 그날에 대한 내 기억은 그 전날이나 그 해의 다른 어느 날에 대한 기억보다 더 선명할까? 그 경험이 잘 기억되는 이유는 무엇일까? 그 쪽지를 받았을 때의 나의 상황이 특이해서였을까? 그 정보가 놀라운 것이어서였을까? 나의 정서적인 반응 때문이었을까? 혹은 내 기억이 강하고 정확한(만약 정확하기는 하다면!) 이유가 단지 그 이후 여러 해 동안 내가 그 사건에 대해 생각할 기회가 많아서였을까? 어떤 사람의 경험의 세부 사항에 대한 기억이 정확한지를 알아내는 것이 가능할 수는 있겠지만, 왜 정확한지를 알아내기란 쉬운 일이 아니다. 앞서 요약한 나의 회상 내용이 전부는 아니더라도 대체로 사실인지를 알아내기란 비교적 쉬울 것이다. 그날 그 시간에 내가 있었다고 기억하는 곳에서 내가 하고 있었다고 기억하는 일을 나는 하고 있었을까? 그 학회의 프로그램을 확인해 보고 학회 참석자들을 면담해 보면 될 것이다. 만약 내 기억이 정확한 것으로 판명된다면, 그다음엔 더 중요하고 어려운 문제가 남아 있다. 즉 내가 왜 그날의 그 사건을 기억하는 것일까? 왜 그 기억이 특별 대우를 받고 있을까? 이 물음에 답하려면 중요하지 않은 경험과 중요한 경험이 서로 다른 강도의 기억을 형성하게끔 하는 조건과 뇌 과정을 연구한 결과를 살펴보아야 한다. 먼저 강한 기억이 만들어지는 조건부터 살펴보자.

세간의 이목을 끈 사건은 오랫동안 생생하게 기억된다

나에게 특별히 중요한 경험이 다른 많은 사람들에게도 역시 중요한 경험인 경우가 많다. 대략 1955년 이전에 태어난 사람들은 나처럼 틀림없이 케네디 대통령의 서거를 알리는 방송을 기억할 것이다. 많은 사람들이 기억하는 특히 유명한 사건은 진주만 습격, 마틴 루터 킹 목사의 암살, 챌린저호 폭발, 마거릿 대처 영국 수상의 사퇴, 다이애나 왕세자비의 죽음, 1995년 오클라호마시티 폭탄 테러, 대지진, 그리고 민간 항공기를 이용한 뉴욕의 월드트레이드센터 테러 사건 등이다. 이런 공적인 사건들에 대한 기억은 집중적으로 연구되어 왔다. 왜냐하면 그 사건들의 세부 사항이 명백하게 알려져 있고 그 사건 자체가 즉각적으로 그리고 널리 퍼졌기 때문이다.

그런 사건들이 생생하게 기억되는 게 사실일까? 이것이 로저 브라운

Roger Brown과 제임스 쿨릭James Kulik이 '섬광 기억'³에 대한 유명한 연구에서 던진 질문이었다. '섬광 기억'이라는 용어는 한 사건에 대한 기억이 마치 한 장의 사진처럼 그 세부 사항까지도 명확하게 오랫동안 보존되어 있음을 암시한다. 하지만 그런 비유는 이 저자들의 의도를 다소 과장한 경향이 있다. 좀 더 평이하게 얘기하자면, 이들이 제안한 것은 그런 기억이 비록 불완전하기는 하지만 매우 생생하고 오랫동안 지속되는 세부 사항들이 있다는 것이다. 이 연구에서는 여러 가지 공적 사건들(과 사적으로 경험한 한 가지 사건)에 대한 사람들의 기억을 조사하였다. 사람들이 기억해 낸 내용은 그 사람이 있었던 장소, 하고 있었던 일, 그 사건을 알게 된 경위, 당시의 개인적인 정서 반응, 그리고 그 사건의 개인적 중요성 등 여러 가지 범주로 분류되었다. 과거에 일어난 공적 사건들에는 메드가 에버스Medgar Evers(역주_흑인 인권운동가), 존 케네디, 말콤 X, 마틴 루터 킹, 로버트 케네디 암살사건, 조지 월러스 George Wallace(역주_미국의 정치가. 앨라배마 주지사를 네 차례 지냈음)와 제럴드 포드(역주_미국 38대 대통령) 암살 미수 사건, 그리고 스페인을 장기 집권했던 독재자 프랑코 장군의 죽음 등이 포함되었다.

핵심적인 문제는 사건에 대한 기억이 그 사건이 낳은 '결과성', 즉 개인적 중요성의 영향을 받는지의 여부였다. 연구 결과는 그렇다는 것이었다. 백인에 비해 흑인은 흑인 유명 인사들의 죽음을 더 자세하게 기억하고 있다고 말했다. 조지 월러스와 제럴드 포드의 암살 미수 사건이나 프랑코 장군(역주_이 세 사람은 모두 백인이다)의 죽음 같은, 그 결과성이 덜한 사건들은 대체로 기억에 덜 남아 있었다. 이보다 더 중요할 수도 있는 연구 결과는 사람들이 매우 놀랍거나 충격적이라고 느꼈던 사건을 더 잘 기억하는 경향이 있었다는 점이다. 나중에 살펴보겠지만, 이런 발견들은 사적 사건뿐 아니라 공적 사건에 대한 기억을 생생하고 오래 지속되게 만드는 과정에 대한 중요한 단서를 제공한다. 브라운과 쿨릭은 이 결과들을 설명하기 위해 비교적 구체적인 신경생물학적 가설을 제안했다. 하지만 이를 논의하기 전에 섬광 기억에 관한 연구에서 중요하게 다루어지는 몇 가지 주제를 살펴볼 필요가 있다.

섬광 기억이 **실제로** 잘 회상되는 것일까? 놀라울지도 모르겠지만 이것은 상당한 (그리고 뜨거운) 논쟁거리이다. 마틴 콘웨이Martin Conway는 방대한 저서 『섬광 기억Flashbulb Memories』[4]에서 이 논쟁 및 관련 증거를 철저하고 신중하게 논의하고 있다. 먼저 그런 기억의 특성에 관한 한 가지 쟁점은 쉽게 해결할 수 있다. '섬광 기억'이라는 용어는 분명히 오해의 소지가 많다. 이 용어가 사건의 세부 사항에 대한 것까지 완전하고 정확하며 절대로 망각되지 않는 기억이라는 의미로 사용되어서는 안 된다는 점은 확실하다. 문제는 기억이 특별히 강할 수 있는가이지 절대 불변인가가 아니다. 두 번째 쟁점은, 물론 중요한 것인데, 그런 기억이 실제로 정확한가이다. 우리는 **부정확하지만** 강한 기억을 가질 수 있다. 모두들 알다시피 우리의 가족 및 친한 친구들은 우리가 잘못 기억하고 있는 부분을 찾아내어 바로잡아 주면서 재미있어 한다. 중요한 공적 사건에 대한 기억이 특별히 정확하다는 주장을 하려면 물론 그것을 뒷받침하는 증거를 제시해야 한다. 셋째로, 개인적 결과성이 결정적인 요인인가? 그 사건이 반드시 개인적으로 중요하거나 놀랍거나 충격적이거나 혹은 감정을 자극해야만 하는가? 세간의 이목을 집중시킨 공적 사건이 아무리 엄청난 재난이라 할지라도 특별한 개인적 중요성은 없는 일일 수도 있다. 우리는 몽골에서 대지진이 일어났다는 긴급소식을 대중매체를 통해 알게 되었을 때 우리가 어디에서 무엇을 하고 있었는지를 기억하는 것 같지는 않다. 그렇다면 우리와 가까운 데서 일어났거나 우리가 직접 겪은 지진에 대한 기억은 이와 조금이라도 다를까?

먼저 정확성이라는 문제를 살펴보자. 어떤 공적 사건에 대한 강하고도 부정확한 개인적 기억을 보여 주는 사례로 흔히 인용되는 것부터 보자. 역설적이게도, 이 사례는 중요한 기억이 정확하고도 오래간다는 증거가 된다.

> 진주만 공격 소식을 어떻게 들었는지를 나는 오랫동안 이런 식으로 기억하고 있었다 … 나는 내 집의 거실에 앉아서 … 라디오로 야구 중계를 듣고 있었던 걸로 기억한다. 야구 경기가 진주만 공격 소식 때문에 중단되었다 … 이 기억은 너무나 오랫동안 아주 또렷하게 남아 있어서 그게 원래부터 말이 안 되는 일임을 최근까지 전혀 알지 못했다. 12월에는 아무도 야구 경기를 중계하지 않는다는 걸 작년에야 깨달았던 것이다![5]

앞서 내가 역설적이라고 말한 뜻을 이해하려면 또 다른 사실을 알아야만 한다. 찰스 톰슨Charles Thompson과 새디어 코원Thaddeus Cowan이 스포츠해설자 레드 바버Red Barber의 인터뷰에서 인용한 부분을 보자.

> 나는 뉴욕 자이언츠 선수들을 살펴보기 위해 폴로 그라운드에 있었는데 … 챔피언십을 두고 그들은 시카고 베어스와 경기를 할 예정이었다. 내가 그 경기를 중계하게 되어 있었다. 자이언츠는 예전 NFL 미식축구팀 다저스와 경기를 하고 있었다. 전반전이 끝난 뒤 「뉴욕타임스」 기자인 루 에프랏Lou Effrat이 기자석에서 내려와서 일본이 진주만을 공격했다고 말했다.[6]
>
> (역주_폴로 그라운드는 뉴욕 시 센트럴파크보다 약간 위쪽에 있는 네 개의 야구장 및

미식축구장을 통틀어 부르는 이름이다. 원래는 폴로 경기를 위해 지어졌으나, 이후 야

구와 축구를 하게 되었는데도 그 명칭은 폴로 그라운드로 그대로 남아 있다.)

따라서 1941년 12월 7일(역주_진주만 공격이 있던 날)에는 자이언츠와 다

저스라는 두 **미식축구팀**(즉 뉴욕의 두 야구팀과 이름이 같음)이 유명한 야구장

에서 경기를 했다. 그러므로 그 경기가 야구 경기로 기억된 것은 그리

놀랄 일이 아니다. 또한 이런 점을 제외하곤 그날의 사건은 생생하고

매우 정확하게 기억이 되었다. 물론 이와 같은 일화적 증거가 두 번째

쟁점을 해결할 수는 없다. 그래서 중요한 공적 사건의 기억에 관한 연

구에서 나온 증거로 눈을 돌려 봐야 할 필요가 있다.

공적 사건의 기억에 대한 자기 보고의 정확성은 알 수 없을 때가 많

으며, 최선의 경우라도 판단하기가 쉽지 않다. 사건이 일어난 지 며칠

안에 사람들에게 질문을 한 경우에는 자기 보고가 정확하다고 가정해

도 비교적 안전할지 모르겠다. 물론 몇 시간 안에 받아 낸 보고는 더욱

그럴 것이다. 하지만 대개의 연구는 그런 보고를 수집하지 않는다. 그

런 연구들은 정확도를 **보증**하기보다 통상 시간의 흐름에 따라 보고된

기억의 **신뢰도**를 조사한다. 다시 말해, 사건 당시 어디에 있었고 무엇을

했으며 그때 감정이 어땠는지 등에 대해 사건 직후에 얻은 답이 몇 달

이 지난 후에 얻은 답과 똑같은가? (역주_신뢰도는 정확도와는 별개로, 동일한

검사를 두 번 이상 할 때 같은 결과가 나오는 정도를 가리킨다.) 챌린저호 폭발과

스웨덴 수상의 암살 등에 대한 기억을 조사한 여러 연구를 보면 사람들

이 **일반적으로** 그렇게 한다는 것이 드러난다. 그런 특정 사건이 일어난

후 몇 개월 혹은 심지어 일 년 후에 얻은 답 중 50~90%가 사건 후 며칠

혹은 몇 주 후에 얻은 답과 유사했다.[7] 그러므로 중요한 공적 사건에 대

한 섬광 기억은 완벽하지는 않지만 꽤나 안정적이다. 그렇지만 역시 이

런 연구가 섬광 기억의 정확성을 보여 주는 명백한 증거를 내놓는 것은 아니다. 그보다는 아래에서 살펴볼 다른 종류의 연구들이 이 쟁점을 좀 더 깊이 다루고 있다.

이러한 신뢰도 연구들은 섬광 기억이 오랜 시간 지속된다는 것이 사실임을, 즉 **실제로** 강한 기억임을 시사한다. 비록 그 중요한 사건에 대해 알게 된 직후의 기억과 얼마간 시간이 지난 후의 기억이 일관되게 **좋**았거나 일관되게 **나빴**을 수는 있지만 말이다. (역주_'일관되게' 좋거나 나쁘다는 말은 정확도와는 상관없이 신뢰도는 높을 수 있다는 의미이다.) 하지만 다른 연구들은 중요한 공적 사건의 세부 사항이 몇 달이나 지난 후에도 잘 기억된다는 분명한 증거를 제시한다. 1989년의 캘리포니아 지진을 경험한 사람들(진원지는 산타크루즈 근처였다)은 그 지진에 관련된 세부 사항을 18개월이나 지난 뒤에도 거의 모두 기억하고 있었다.[8] 이에 반하여 멀리 떨어진 조지아 주에 살아서 그 지진을 직접 경험하지 않았던 사람들은 18개월 후에는 그런 세부 사항을 훨씬 더 적게 기억했다. 마찬가지로, 마거릿 대처 수상의 갑작스런 사임(1990년)에 대한 기억이 영국인들의 경우에는 그 사건 2주 후나 11개월 뒤에 모두 아주 강하고 자세했다.[9] 이에 반해 영국에 거주하고 있던 다른 나라 사람들(주로 북미인들)의 경우 그 세부 사항에 대한 기억이 18개월 후에는 대단히 **나빴**다. 이런 종류의 연구 결과는 두 가지 결론으로 이어진다. 첫째, 중요한 공적 사건은 오랜 시간이 지난 후에도 대단히 잘 기억될 수 있다. 둘째, 그 사건의 결과성이 중요하다. 그 사건으로 유발된 감정을 비롯한 개인적 반응이 기억의 강도에 주된 영향을 미치는 것으로 보인다.

섬광 기억에 관한 꽤 많은 연구가 사건이 일으킨 정서 반응이 그 사건에 대한 기억에 영향을 준다는 이런 결론을 지지한다. 챌린저호 폭발 사건에 대한 기억처럼 영국에서 열린 축구 경기에서 95명이 깔려 죽은 사건('힐스보로 참사')에 대한 기억도 사람들의 정서 반응에 영향을 받았던 것으로 보인다.[10] 앞에서 이야기한 것처럼 정서 반응은, 재난까지는 아니더라도 흥미롭고 자극적인 사건에 대한 기억에도 또한 영향을 미친다. 1995년의 O. J. 심슨 살인사건 재판은 대중의 이목을 엄청나게 끌었다. 그 재판은 당시 언론에 대서특필되었고 TV에도 방영되어서 많은 사람들이 배심원들의 평결에 큰 관심을 가졌었다. '무죄'라는 평결이 나자 큰 논란이 일었는데, 그로부터 3일 뒤 하이크 쉬몰크Heike Schmolck, 엘리자베스 버팔로Elizabeth Buffalo 그리고 래리 스콰이어는 이 사건에 대한 사람들의 기억을 연구하기 시작했다. 이들은 사람들이 그 평결을 언제, 어디서, 어떻게 알게 되었는지뿐만 아니라 그것에 대한 정서 반응의 강도도 조사했다.[11] 사람들에게 실시한 질문지에는 아주 많은 자세한 질문이 있었는데, 여기에는 사람들이 그 평결에 동의하는지 그리고 그에 대해 다른 사람들과 얼마나 이야기를 했는지 등도 포함되어 있었다. 조사 참가자들 중 평결에 동의한 사람은 24%, 동의하지 않은 사람은 40%, 중립적인 사람은 36%였다. 기억의 정확성은 참가자를 두 집단으로 나누어서 한 집단은 15개월 후에, 다른 집단은 32개월 후에 조사했다. 평결 15개월 후 조사 집단의 경우, 참가자의 3분의 2가 원래의 기억과 똑같거나 사소한 왜곡만 보였다. 참가자 중 10%는 많이 왜곡된 기억을 나타냈다. 32개월 후 조사 집단의 기억은 정확성이 더 떨어졌다. 왜곡이 없거나 사소한 왜곡만 보인 사람이 대략 50%이긴 했지만, 40% 이상의 사람이 심한 왜곡을 보였다. 이 연구에서 기억의 정확성은 분명히 시간이 흐름에 따라 감소했다. 그럼에도 불구하고 32개월이란 기간 후에도 기억은 상당히, 어쩌면 놀라울 정도로 강하게 남아 있었다. 평결 직후 사람들이 스스로 매긴 평점이 32개월 후에 조사된 기억의 정확성에 대해서 한 단서를 제공한다. 기억의 정확성은 세부 사항에 대해 얼마나 생각했는지, 재판에 얼마나 관심이 있었는지, 평결에 동의했는지, 평결에 대해 얼마나 강한 태도를 가졌는지 등과 상관을 보이지 않았다. 그보다는, 평결 32개월 후의 기억의 정확성은 그 평결을 알게 되었을 때 일어난 정서 반응의 강도와 유효한 상관관계를 보였다.

그런 중요한 공적 사건에 대한 기억은, 우리 뇌에 영원히 새겨지는 것은 아니라 할지라도, 실제로 더 생생하고 오래 지속되는 것으로 보인다. 폭력 범죄를 목격한 사람의 기억은 그보다 더 생생하고 영구적일 수 있다. 존 율John Yuille과 주디스 컷셜Judith Cutshall[12]은 가게에 들어와 강도질을 한 범인을 가게 주인이 총으로 쏘아 죽인 사건을 목격한 사람들을 인터뷰했다. 그 인터뷰는 범죄 발생 당일 혹은 이틀 후에 이루어졌고, 일부 목격자들의 경우에는 4~5개월 뒤에 또다시 이루어졌다. 이들이 말한 내용의 정확성은 범죄 현장에서 얻은 증거, 사진, 응급구조 보고서와 의료 보고서 등 여러 가지로 확인할 수 있었다. 두 번의 인터뷰 모두에서 기억이 정확했던 사람들의 비율은 80%가 넘었다. 21명의 목격자 중 5명이 그 살인을 목격했을 당시 심한 스트레스를 받았다고 말했는데, 이들은 첫 번째 인터뷰에서 93%의 정확성을, 두 번째 인터뷰에서는 88%의 정확성을 보였다.

이런 일들은 뇌에 더 강하게 새겨지는 것일까? 그런 것으로 보인다. 앞서 살펴본 모든 증거는 적어도 하나의 일반적이고 중요한 결론으로 인도한다. 즉 정서적으로 중요한 사건은 더 강하고 오래 지속되는 기억을 만든다는 것이다. 사람들이 그런 사건을 직접 경험하든지, 목격하든지, 라디오를 통해 듣든지, TV를 통해 시청하든지, 아니면 친구나 이웃을 통해 알게 되든지 간에 몇 개월 심지어 몇 년이 지나도 그 사건은 쉽사리 기억난다. 하지만 평범한 사건에 대한 기억과 마찬가지로 그 기억은 **완벽하게** 정확하지는 않으며, 또 어떤 경우에는 **영구적으로** 강력하지도 않다. 앞의 살인 사건 목격자들 중 부정확한 회상을 한 20%를 생각해 보라. 만약 그들이 목격자로서 재판정에 선다면 그런 잘못된 회상은 결정적일 수 있다. 섬광 기억은 사진 같은 것이 아니어서 그 세부 사항의 정확도가 대단히 높지는 않고, 시간이 지나면서 변하거나 바랠 수 있다. 더 나아가 '공적 사건'이라는 것이, 또는 심지어 범죄 현장이라는 것이 무엇을 의미하는지 재고해 볼 필요가 있다. 왜냐하면 보통 그런 사건들은 TV에 거듭해서 나오고 신문과 잡지, 인터넷에서 세세히 논의되기 때문이다. 우리가 경험한 그 사건이란 게 과연 무엇일까? 케네디 대통령의 암살 장면을 담은 영상을 우리가 몇 번이나 보았을까? 챌린저호 폭발 장면은 몇 번이나 TV에 방영되었을까? 다이애나 왕세자비가 타고 가던 자동차가 파리의 터널에서 교통사고로 파괴된 장면을 우리는 얼마나 많이 보았을까? 뉴욕의 월드트레이드 센터가 무너져 내리는 장면은 얼마나 많이 보았을까? 이와 같은 반복된 경험이 우리가 어떤 사건에 대해 **처음** 알게 되었을 때 어디에서 무엇을 하고 있었는지에 대한 기억에 영향을 줄 수 있고, 실제로 영향을 준다. 우리는 그것을 처음 접했을 때를 기억하는 것일까 아니면 두 번째로 접했을 때를 기억하는 것일까? 그것도 아니면 또 다른 때를 기억하는 것일까? 그와 같은 반복 노출과 우리가 그에 대해 거듭 생각하는 것(즉 '되뇌기')이 원래의 사건에 대한 우리의 기억을 왜곡시키는 데 중요한 역할을 하며, 따라서 그 사건에 대한 '일반성' 기억generic memory이 생성된다는 것에는 의

심의 여지가 없다. 하지만 사건에 대한 기억을 되풀이해서 떠올리는 것이 섬광 기억의 생성에 결정적이라는 증거는 그런 연구들에서 거의 찾아볼 수 없다. 이는 어쩌면 좀 놀라운 일일 수 있겠다. 그렇지만 널리 알려진 중요한 사건을 토대로 한 섬광 기억 연구에서는 그런 여러 가지 영향 요인을 가려내기가 대개 힘들다. 섬광 기억 연구들이 내리는 결론을 지지하는 증거가 비록 많기는 하지만 방금 살펴본 문제점들에 대처하기 위해서는 공적 사건이 아니면서 정서적으로 중요한 경험에 관한 증거가 필요하다.

다시 실험실로 돌아가서

알다시피 에빙하우스는 많은 반복 학습이 단어에 대한 기억을 강하게 한다고 가르쳐 주었다. 그러면 정서적 각성도 또한 '에빙하우스식' 단어 연합처럼 단순한 (그리고 지겨운?) 어떤 것에 대한 기억을 강하게 해 줄까? 그 답은 '예'이다. 많은 연구에서 나온 증거를 보면 정서적 각성은, 공적 사건에 대한 기억과 마찬가지로 실험실에서 학습한 단어 연합에 대한 장기 기억을 향상시킨다. L. 클라인스미스Kleinsmith와 S. 카플란 Kaplan[13]이 처음으로 이 주제에 관심을 불러일으킨 연구를 하였다. 이들은 사람들에게 단어를 두 개씩 짝짓도록 학습시켰다. 그 짝들에 있는 어떤 단어들은 강한 정서 반응을 일으키는 것(예 : '키스', '구토', '강간')이었다. 정서 반응은 정서적 각성의 측정치로 흔히 사용되는 피부 전기 반응galvanic skin response(GSR)의 변화로 알 수 있었다. 일주일 후에 행해진 기억 검사에서 사람들은 정서적 각성을 많이 일으키는 단어를 덜 일으키는 단어보다 더 잘 기억했다. 흥미롭게도, 학습 바로 뒤에 실시된 검사에서는 정서적 각성을 일으키는 단어에 대한 기억이 좋지 않았다. 기억향상은 시간이 흐른 후에야 나타났던 것이다. 이런 현상에 대한 추가적인 증거는 이 장에서 나중에 더 이야기하겠다.

이런 연구 결과와 우리 삶에서 일어나는 사건에 대한 우리의 기억 사이에 어떤 연관이 있는지 의문이 생길 수 있다(그리고 이미 당신은 그런 의문을 품었을 것이다). 예컨대 전화를 걸었더니 국세청이 나오거나 당신이 복권에 당첨되었다는 이야기가 들리거나 가까운 사람이 심장마비를 겪었다는 말을 듣는다면 그 전화번호가 잘 기억나는 게 당연할 것이다. 뿐만 아니라 그 통화와 관련된 다른 세부 사항들도 똑같이 잘 또는 더 잘 기억하기 마련이다. 즉 어디서 전화를 받았고 누가 전화를 받았으며 전화 걸기 직전과 직후에 무슨 일이 있었는지 같은 것 말이다. 우리는 시간상으로 발생하는 사건의 세부 사항을 기억한다. 그 사건이 꼭 실제로 일어난 것이어야 하는 건 아니다. 읽거나 들은 이야기 속 사건이거나 영화에서 본 사건이라도 좋다. 모두들 알다시피 소설이나 영화가 얼마나 성공하며 잘 기억되는가는 그 정서적 내용에 크게 좌우된다. 장면과 이야기 줄거리가 잘 조합되면 강력한 정서 반응을 일으킬 수 있는 것이다.

그런데 동일한 장면에 **서로 다른** 이야기(하나는 정서적인 것이고 다른 하나는 아닌)가 조합되면 무엇이 기억에 남을까? 어떤 이야기가 일으키는 정서적 각성 수준이 사람이 그 이야기를 듣는 동안 보았던 것을 기억하는 데 영향을 줄까? 래리 케이힐과 나[14]는 이 질문에 답하기 위한 실험을 했다. 이 실험에 사용된 절차와 내용은 프리데리케 호이어Friderike Heuer와 대니얼 라이스버그Daniel Reisberg[15]의 기념비적인 연구를 토대로 한 것이었다. 두 집단의 사람들에게 상이한 종류의 자극에 대한 생

리적 반응을 알아보는 연구라고만 말해 준 후 일련의 슬라이드 12장을
똑같이 보여 주었다. 각 집단에게 슬라이드를 보여 줄 때 슬라이드 하
나당 한 문장을 들려줌으로써 이야기를 함께 제시했다. 한 집단은 다음
과 같이 비교적 지루한(즉 중성적인) 이야기를 들었다. 어머니가 아들과
함께 집을 나서서 병원에 갔다가 거기서 재난 대비 훈련 광경을 본 다
음, 아들은 아버지와 함께 남고 어머니는 병원을 나선다는 내용이었다.
다른 한 집단은 정서적 각성을 일으키는 이야기를 들었다. 어머니와 아
들이 집을 나선 다음 아들이 사고를 당해 중상을 입고 병원으로 급하게
실려 가서는 외과의사들이 절단된 그의 발을 가까스로 다시 붙인다. 아
버지가 아들과 함께 남고 어머니는 병원을 나선다. 두 집단이 들은 이
야기는 처음 넉 장의 슬라이드와 마지막 슬라이드에서는 똑같았고 나
머지 슬라이드에서만 달랐다. 사람들이 자기가 들었던 이야기의 정서
성을 평가한 결과는 두 이야기가 일으킨 정서적 각성 수준이 서로 다름
을 보여 주었다.

　사람들에게는 2주 후에 또 와 달라고 부탁했지만 이 연구가 기억에
관한 것이라는 이야기는 하지 않았다. 그들이 다시 왔을 때 이전에 보
았던 슬라이드의 구체적인 세부 사항에 대한 기억을 검사하였다. 처음
몇 장이나 마지막 몇 장의 슬라이드에 대한 재인이나 회상은 두 집단
사이에 차이가 없었다. 그러나 두 이야기의 정서적 충격이 달랐던 부분
인 중반부의 슬라이드에 대한 기억은 두 집단 사이에 차이가 났다. 정
서적 각성을 일으키는 이야기를 들은 사람들이 그에 해당하는 슬라이
드들의 세부 사항을 더 잘 기억했던 것이다. 중성적인 이야기를 들은
사람들은 앞부분이나 뒷부분보다 중간 부분의 슬라이드에 대한 기억이
더 좋지는 않았다.

그렇다면 그 이야기의 가장 정서적인 부분과 함께 제시된 슬라이드에 대한 기억이 더 좋았다고 하겠다. 그러므로 이 연구 결과는 섬광 기억 연구 그리고 강한 정서적 단어에 대한 기억 연구의 결과와 일치한다. 즉 정서적 각성이 강할수록 기억이 더 좋은 경향이 있으며, 따라서 정서적 각성이 강한 기억을 생성하는 것으로 보인다는 것이다. '정서가 영구적이거나 완벽하게 정확한 기억을 보장하는 것은 아니다. 정서적 기억에도 오류가 들어 있다. … 그럼에도 불구하고 … 우리는 정서적 사건에 대한 우리의 생생한 기억을 대체로 신뢰해도 좋다.'[16]

따라서 여러 종류의 연구들이 일관된 증거를 내놓고 있다. 그 결론은 강한 정서적 각성을 불러일으키는 것이 강한 기억을 만드는 한 방법이라는 것이다. 이제 우리는 왜 그런가를 알 필요가 있다. 기억에서 한몫을 담당하는 정서적 각성은 어떤 결과를 가져오는 것일까? 정서적으로 각성된 상태에서는 그 경험에 더욱 주의가 쏠리게 되는데, 이것이 분명히 한 가지 합리적이고 그럴듯한 가능성이다. 앞에서 살펴본 것처럼, 정서적 경험은 의도적이든 우연적이든 되뇌기가 더 많이 된다. 되뇌기의 효과는 에빙하우스가 이미 우리에게 보여 주었다. 비록 이런 해석이 가능하고 합리적이기는 하지만, 정서적 각성이 기억에 미치는 효과를 되뇌기의 작용으로 설명할 수 있다는 증거는 강력하지 않거나 설득력이 없다. 섀넌 가이Shannon Guy와 래리 케이힐[17]이 이 문제를 파헤치는 연구를 하였다. 이들은 사람들에게 중성적인 영화와 정서적 각성을 일으키는 영화를 보여 준 다음 일주일 뒤에 그 내용을 얼마나 기억하는가를 알아보았다. 영화를 보여 준 다음 한 집단의 사람들에게는 영화에 대해 이야기하지 말도록 지시하였고, 다른 집단에게는 본 영화에 대해 적어도 세 사람과 이야기하라고 지시하였다. 세 번째 집단은 영화에 대해 이야기하지 말라는 지시를 받았지만 그 지시를 따르지 않았음을 인정한 사람들이었다. 예상했던 대로 모든 집단이 중성적인 영화보다 정서적 각성을 일으키는 영화를 더 잘 기억했다. 하지만 영화에 대해 이야기한 것(지시에 따라서건 지시를 어기고 했건 상관없이)이 영화에 대한 기억에 영향을 미치지는 않았다. 이는 아마도 예상치 못한 일일 터인데, 물론 이 결과가 되뇌기가 기억에 영향을 미칠 수 없음을 의미하는 것은 아니다. 되뇌기의 효과를 우리는 이미 알고 있다. 이 연구 결과는 단지 영화에 대해 어느 정도 이야기를 하는 것이 그 영화에 대한 기억에 영향을 미치지 않았음을 보여 줄 뿐이다. 중요한 점은, 많은 종류의 기존 연구와 마찬가지로 이 연구에서도 역시 정서적 각성은 기억에 영향을 미쳤고, 우리는 그 이유를 알 필요가 있다는 것이다.

중요한 순간을 기억에 아로새기기

'내가 기차에 치이던 순간 이전의 사건들은 기억 속에 뚜렷이 새겨져 있다 … [3년 반이 지난 후에도] 그 직전 5분간의 일은 이틀 전에 일어난 사건처럼 생생하다. 나는 그 5분 동안 일어났던 모든 움직임에 대해 이야기할 수 있다는 생각이 든다. 내 기억에서 그 시간은 빈틈없이 꽉 차 있다.' [18]

한 사건의 중요성과 그에 대한 기억 사이의 관계에 대한 관심이 섬광 기억 연구와 함께 시작된 것은 물론 아니다. 아마도 프랑스 남부에 있는 동굴 안에 동물 벽화를 그리던 인류의 선조도 위의 인용문과 비슷한 이야기를 했을 수 있다. 누가 알겠는가? 어쩌면 바로 그런 이유로 그런 그림들을 그렸는지도 모를 일이다. 뇌에 기록된 굉장한 경험은 그림으로도 기록해 둘 만한 것이다.

그와 같은 오래 지속되는 자세한 기억을 생성할 수 있는 어떤 뇌 기전을 비교적 구체적으로 제안한 최초의 학자는 내가 아는 바로는 로버트 리빙스턴Robert Livingston이다. 그는 1967년에 다음과 같이 제안했다.

> … 어떤 일이 대단히 의미 있고 … 중요한 것이기만 하면 그에 관한 기억에는 그 일의 의미와는 딱히 관계가 없는 면들까지도 포함이 된다. 뇌가 그 직전에 일어난 모든 사건에 관한 기억을 '인쇄'해 두는 것이다. 그게 그 일의 핵심적인 부분에 얼마나 중요한지와는 상관없이 말이다.[19]

그런 '인쇄' 작용을 설명하기 위해 리빙스턴은 경험이 '변연'계(편도체를 비롯한 뇌 구조들의 집합으로 뇌 중심부 쪽에 자리 잡고 있음)를 활성화시키는데, 그러면 그로 인해 '망상 활성계'가 자극받아 '인쇄 시작!'이란 명령을 광범위한 뇌 부위에 내리게 된다고 제안하였다. (역주_망상 활성계는 뇌줄기에 있는 그물 모양의 세포계로서 각성, 주의, 수면 등에 관련된 역할을 담당한다.) 그의 말을 빌리면, "'인쇄 시작!'이란 명령이 떨어지면 … 최근 얼마 동안 일어나고 있었던 모든 일이 성장자극 혹은 신경호르몬의 영향을 받게 되고, 그 결과 미래에 똑같은 신경활동이 더 반복되기 쉬워진다."

4년 후 시모어 케티Seymour Kety는 이와 유사하지만 좀 더 구체적인 가설을 제안하였다. 그 가설에 따르면 정서적 활성화로 인해 분비되는 신경전달물질 노르에피네프린이 최근에 활동을 했던 뇌 시냅스들에서의 응고화를 촉진할 수 있다. 그는 '… 모든 경험이 똑같은 정도로 응고화되지는 않게 만드는 기제가 적응에 더 유리하다는 점은 명백하다'고 지적했다.[20]

　지금까지 정서적 각성이 장기 기억에 영향을 준다는 많은 증거의 일부를 개관해 보았다. 그리고 뇌가 어떻게 그런 일이 일어나도록 할 수 있는지에 대한 서로 밀접히 관련된 두 개의 이론(리빙스턴의 것과 케티의 것)을 아주 간략하게 언급했다. 가설이 제안된 후 관련 증거가 축적되는 것이 과학 연구인데, 실제로는 항상 그런 순서대로 일이 진행되지는 않는다. 때로는 결정적인 증거가 먼저 나타나기도 한다. 그리고 실험 결과가 얻어진 후에야 어떤 이론이 제안하는 실험이 이미 행해졌다는 것이 발견될 때도 있다. 훈련 후 약물을 투여하면 기억 응고화를 향상시킬 수 있다는 증거가 나의 실험실에서 처음 나온 것은 1950년대 말이고 이 결과가 처음 출간된 것은 1961년인데, 이는 리빙스턴과 케티가 그들의 가설을 제시한 것보다 여러 해 전이다. 제4장에서 살펴본 실험 결과들은 많은 약물이 기억 응고화를 향상시킬 수 있다는 강한 증거이다. 훈련 경험 직후에 투여된 약물은 그 경험에 대한 기억을 향상시켰으나 몇 시간 뒤에 투여된 약물은 그렇지 않았다. 1960년대 초에 출간된 많은 연구에서 나온 증거가 아주 명백히 보여 주는 것은 다른 흥분성 약물과 마찬가지로 스트리크닌, 피크로톡신, 암페타민 같은 약물이 학습 경험 후에도 지속되는, 그 학습이 유발한 신경 과정에 작용한다는 사실이다.[21] 이 약물들은 중요한 사건이 더 잘 기억될 수 있게 한다. 이 약물들이 뇌를 꼬드겨서 '인쇄 시작!' 신호를 발하게 만들었을까? 뇌 활동에 널리 영향을 미치는 특정 뇌 체계를 활성화시켜서 그런 작용을 하는 것일까? 노르에피네프린이 여기에 한몫을 할까? 이 모든 질문들에 대한 답은 '예'인 것 같다. 하지만 이야기는 여기서 그치지 않는다.

약간의 스트레스만큼 좋은 것도 없다

내가 훈련후 약물주사가 일으키는 기억향상 효과를 처음 연구한 것은 대학원생 시절이었다. 나의 지도교수였던 데이비드 크렉David Krech은 앞에서 언급했듯이 내가 그 연구를 할 때 1년 동안 유럽에 있었다. 그리고 돌아왔을 때에는 내 생각이 결국 그리 나쁜 생각은 아니라는 데 동의했다. 그 뒤 그는 이 결과를 한 국제학회에서 간략하게 언급하였다. 거기에 참석했던 저명한 신경생리학자 랄프 제라드는 그 결과가 지닌 생리학적 의미를 재빨리 파악했다. 그는 다음과 같이 썼다.

> 크렉 박사와 개인적으로 이야기한 바에 따르면 스트리크닌은 (기억이) 고정되는 시간을 단축시킨다. … (감각 자극이 남긴) 메아리 같은 흔적의 폭이나 강도를 향상시킬 수 있는 것은 무엇이든 모두 그 고정 과정을 촉진해야 한다. … 에피네프린[아드레날린]은 … [겉질의] 역치를 낮추며 또한 정서적으로 생생한 경험을 할 때 분비되기 때문에 그렇게 강렬한 모험은 기억에 강하게 남아야 할 것이다.[22] (역주_괄호 속의 말은 역자들이 추가한 것임. '메아리 같은 흔적'은 제3장에 나오는 헵의 이중 흔적 가설을 참조)

그의 제안은 선견지명이 있는 것이었으나 (과학 이론들이 종종 그렇듯이) 시간의 안개 속에 묻혀 버리고 말았다. 그러나 앞으로 보겠지만 그것은 흥미로운 추측이었음이 드러났다. 1970년대 초 내지 중반까지 기억 응고화에 미치는 약물의 영향에 대한 연구가 다루었던 것은 어떤 종류의 약물이 그런 효과를 내는가, 그리고 어떤 종류의 학습/기억이 그런 훈련 후 향상을 잘 나타내는가라는 주제였다. 당시의 연구는 감정과 기억이라는 주제와 명시적으로(어쩌면 암묵적으로도) 관련된 게 아니었다. 돌이켜보면 이는 우리뿐 아니라 그 분야의 다른 연구자들도 간과했던, 분명히 다루어 볼 만한 연구 주제였다.

우리의 관심이 그 주제로 옮겨 가게 된 것은 다음과 같은 중요한 질문을 하게 되면서였다. 왜 우리는, 그리고 다른 많은 종들은, 어떤 경험을 한 뒤에 일어나는 일에 그다지도 쉽게 영향을 받아서 역행 기억상실이나 역행 기억향상이 생겨나는 그런 뇌를 가졌을까? 그런 실험에서 사용된 약물 및 기타 처치가 단순히 뇌로 하여금 평소에는 하지 않는 일을 하게 만드는 것일까? 또는 그런 처치가 기억 응고화를 조절하는 어떤 생리체계를 건드려서 활용하는 것일까? 한 가지 짚고 넘어가야 할 중요한 점은 훈련후 약물투여가 기억 응고화에 미치는 효과가 그 약물이 학습 시의 주의집중에 영향을 주기 때문이라는 해석은 배제할 수 있다는 것이다. 왜냐하면 약물이 투여될 때는 이미 그 사건이 끝난 뒤이기 때문이다. 따라서 실험 결과로부터(이론적 예측에 의해서뿐만 아니라) 자동적으로 이끌어져 나오는 유일한 합리적 결론은 기억 응고화의 토대를 이루는 과정들이 향상된다는 것인 듯하다.

당시 폴 골드Paul Gold(현재 일리노이 주립대학교 교수이다)는 나의 실험실에서 박사후 연구원으로 일하고 있었다. 훈련 경험에 의해 분비되거나 활성화되는 내인성 물질이 있어서 훈련 후 투여되는 흥분성 약물과 같이 기억에 효과를 낸다면 그 물질은 무엇일까? 이것이 우리의 물음이었다. 우리 실험실에서 행해진 연구 중에는 동물의 훈련 시에 발에 가하는 전기충격을 사용한 것이 많았다. 구체적으로 말하면, 억제적 회피 과제(역주_제4장을 보라)에서 동물이 어두운 방으로 들어가면 발에 전기충격을 한 번 받았다. 이런 학습 절차를 사용하다 보니 그럴듯한 가설이 떠올랐다. 쥐가 발에 전기충격을 받으면 부신에서 에피네프린(아드레날린)과 코르티솔(혹은 쥐의 경우 코르티코스테론) 같은 스트레스 호르몬이 분

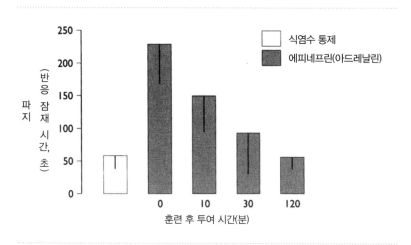

그림 5.1 훈련 후 투여된 에피네프린은 기억 응고화를 향상시킨다.
효과는 훈련과 투여 사이의 시간 간격에 따라 달라진다. 훈련 2시간 후에 에피네프린을 투여하면 기억에 효과가 없다.
출처 : Gold and van Buskirk, 1975.

비되는데, 어쩌면 이 호르몬들이 기억 응고화 과정을 조절하는 흥분성 약물처럼 작용할지도 모른다는 게 우리의 생각이었다. 골드와 내 실험실의 대학원생인 로더릭 반 버스커크Roderick van Buskirk가 이런 가능성을 조사했다.[23] 그들은 억제적 회피 훈련이 끝나고서 곧바로 혹은 여러 가지 시간 간격 후에 식염수 혹은 (여러 용량의) 에피네프린을 투여하였다. 그 훈련에 대한 기억 검사는 다음 날 실시되었는데, 쥐가 이전에 전기충격을 받았던 어두운 방으로 다시 들어가는 데 얼마나 오래 걸리는지를 측정치로 삼았다. 그림 5.1에 보이는 것처럼 훈련 직후에 투여된 에피네프린은 훈련에 대한 쥐의 기억을 대단히 증가시켰다. 이에 못지않게 똑같이 중요한 결과는, 에피네프린이 기억을 향상시키는 효과가 훈련 후에 주사가 주어지기까지의 지연 시간이 길어질수록 떨어졌다는 사실이다.

학습 경험 후 약간의 스트레스 호르몬을 투여한 것이 그 경험에 대한 더 강한 기억을 형성시킨다는 이 연구 결과는 훈련 후 투여된 흥분성 약물이 실제로 생리적 기억 조절 체계를 건드릴 가능성이 대단히 크다는 점을 시사하였다. 그러고 보면 에피네프린의 작용에 관한 제라드의 제안(미주 22번을 보라)이 옳았는지도 모른다. 어쩌면 그렇지 않을 수도 있겠지만. 다른 여러 연구에서 나온 증거를 먼저 좀 살펴보아야 할 것이다. 또한 이 장에서는 부신에서 분비되는 또 다른 주요 스트레스 호르몬인 코르티솔(쥐의 경우 코르티코스테론)의 역할도 알아보아야 될 것이다.

우선 '혈뇌 장벽'이라는 장애물에 관한 이야기를 하자. 이 장벽 때문에 에피네프린은 뇌로 (들어간다 하더라도) 자유롭게 들어가지 못한다. 물론 에피네프린이 뇌에 들어가지 않는다면 뇌의 신경활동에 **직접적인** 영향을 줄 수가 없다. 하지만 골드와 반 버스커크의 다른 연구 결과는 그럼에도 불구하고 에피네프린이 뇌에 매우 커다란 영향을 주는 것이 사실임을 보여 주었다. 억제적 회피 훈련 후에 주사된 에피네프린은 뇌의 노르에피네프린 분비를 일시적이기는 하지만 상당히 많이 증가(20~40%)시켰다.[24] 또한 학습 과제 없이 발에 가한 전기충격의 각성 효과만으로도 뇌의 노르에피네프린 분비가 자극되었다.

에피네프린이 **어떻게** 뇌에 영향을 미치는지보다는 그것이 영향을 미친다는 사실이 더 중요해 보이기는 한다. 하지만 '어떻게?'라는 의문은 흥미로운 것이고 잠시 논의해 볼 가치가 있다. 왜냐하면 이 연구 결과는 아래에서 살펴볼, 감정이 기억에 주는 영향에 관한 동물 연구뿐 아니라 인간 연구 결과와도 관련이 되기 때문이다. β형 아드레날린 수용체를 차단하는 약물(베타차단제)인 프로프라놀롤은 에피네프린의 기억 향상 효과를 차단한다. 이는 당연한 결과인데, 왜냐하면 근육이나 정맥에 주사한 프로프라놀롤은 뇌 바깥에 있는 β형 아드레날린 수용체에 영향을 미칠 뿐 아니라 뇌 안으로도 자유롭게 들어가서 수용체를 차단한다. 하지만 또 다른 베타차단제인 소탈롤은 뇌로 들어가지 못하는데, 이 약물 또한 에피네프린의 기억향상 효과를 차단한다.[25] 따라서 뇌 바깥에 있는 β형 아드레날린 수용체의 활성화가 기억에 대한 에피네프린의 효과에 최소한 어느 정도는 기여를 한다. 하지만 심신 간의 연결이, 즉 그런 신체적 효과와 뇌의 기억 과정을 연결해 주는 무언가가 필요하다.

한 가지 가능성은 에피네프린이 간에서 포도당이 분비되게 함으로써 기억에 영향을 미칠지도 모른다는 것이다. 골드는 이 가능성을 깊이 연구하였다.[26] 간에서 분비된 포도당은 뇌로 들어가서 신경 기능에 직접 영향을 미칠 수 있다. 이 가설을 지지하는 증거로 그는 훈련 후에 포도당을 투여하면 에피네프린과 마찬가지로 기억 응고화가 향상됨을 발견하였다. 하지만 에피네프린은 또 다른 경로를 거쳐서도 뇌에 영향을 미친다. 세드릭 윌리엄스Cedric Williams(내 실험실의 박사후 연구원이었으며, 지금은 버지니아 주립대학교 교수이다)와 동료들[27]은 일련의 실험을 통하여 β형 아드레날린 수용체가 상행(역주_몸의 말단부에서 중심부인 뇌 또는 척수로 향하는) 미주신경vagus nerve에도 있음을 보여 주었다. 상행 미주신경은 몸에서 시작되어 뇌줄기의 한 핵인 고립로핵nucleus of the solitary tract(NTS)으로 간다. 매우 흥미로운 점은 NTS는 편도체로 연결이 되는데, 따라서 NTS가 편도체에 노르에피네프린을 분비할 수 있으며, 실제로 그렇게 한다는 것이다(그림 4.3을 보라). 골드와 반 버스커크가 투여했던(혹은 발에 가한 전기충격에 의해 분비된) 에피네프린은 편도체로 가는 이 신경로를 통해 작용한 것으로 보인다. 하지만 이런 결론을 확고하게 내리기 전에 좀 더 많은 증거를 살펴볼 필요가 있다.

다시 또 아몬드와 해마와 꼬리를 보면

먼저 에피네프린이 편도체에 미치는 영향을 살펴보자. 제4장의 논의를
통해 우리가 알게 된 바에 따르면, 기억 응고화를 향상시키는 여러 약
물은 또한 편도체에 노르에피네프린이 분비되게끔 하며, 그 효과에는
편도체의 β형 아드레날린 수용체가 관여한다. 하지만 노르에피네프린
의 편도체 내 분비가 기억 응고화에 미치는 에피네프린 효과에 결정적일
까? 내 실험실의 대학원생이었던(지금은 국립 대만 대학교 교수이다) 켕 첸
량Keng Chen Liang이 이 질문을 했다. 그 답은 '예'였다. 그는 훈련 직후
소량의 프로프라놀롤을 편도체에 주사하고 나서 에피네프린을 말초에
주사하는 방법을 써서 그런 답을 얻어냈다. 에피네프린만 주사했다면
기억이 향상되었을 것이다. 그러나 프로프라놀롤을 편도체에 먼저 투
여하자 에피네프린으로 인한 기억향상이 차단되었다.[28] 프로프라놀롤
이 에피네프린에 의해 (미주신경을 거쳐) 분비된 노르에피네프린의 활동
을 차단시켰던 것이다. 량은 또한 훈련 후 노르에피네프린을 편도체에
투여하면 기억 응고화가 향상됨을 발견하였다. 이 발견들은 앞 장에서
이야기했던 미켈라 갤러거[29]의 연구 결과를 확인해 주었다. 이 효과는
편도체의 하위 영역인 가쪽바닥 편도체에 선택적으로 약물을 투여한
많은 후속 실험에서 반복검증되었다.[30]

량이 발견한 똑같이 중요한 사실은, 편도체를 다른 뇌 영역과 연결시
키는 주요 경로 중 하나인 분계섬유줄을 손상시키면 훈련 후 편도체에
노르에피네프린을 투여해도 기억향상이 일어나지 않았다는 것이다.[31]

이 결과는 노르에피네프린이 기억 응고화에 관여하는 다른 뇌 영역에 영향을 미침으로써 기억에 영향을 준다는 점을 강력하게 시사한다. 제 4장에서 살펴본 것처럼, 꼬리핵이 관여하는 것으로 알려진 과제를 훈련시킨 직후에 암페타민을 편도체에 주사하면 그 훈련 경험에 대한 기억이 영향을 받는다. 분계섬유줄 경로는 편도체를 꼬리핵에 연결시키므로 이 경로를 손상시키면 기억에서 편도체와 꼬리핵이 하는 상호작용이 차단되어야 한다. 실험 결과는 이 예측을 지지한다. 분계섬유줄의 손상은 훈련 후 꼬리핵에 약물(콜린성 약물인 옥소트레모린)을 주사했을 때 생기는 기억 향상 효과를 차단한다.[32]

지금까지 요약한 에피네프린 효과에 관한 연구 결과는 모두 제4장에서 제시된 결론들과 극도로 잘 맞아떨어진다(그림 4.3을 보라). 편도체에 분비된 노르에피네프린은 분명히 기억 응고화의 조절자라는 중요한 역할을 한다. 그리고 그 조절이란 기억 응고화에 관여하는 다른 뇌 영역들에 영향을 미치는 것임도 또한 분명하다. 하지만 또 다른 주요 스트레스 호르몬인 코르티코스테론은 어떨까? 이 호르몬은 아주 미약한 스트레스가 있는 상황에서도 부신에 의해 혈류로 분비된다. 이것도 기억 응고화에 한몫을 할까? 그렇다. 코르티코스테론을 훈련 후에 주사하면 기억 응고화가 향상된다는 증거가 꽤 많다. 코르티코스테론과 비슷한 작용을 하는 합성 약물들도 마찬가지 효과를 낸다.[33] 이 호르몬은 뇌로 쉽게 통과해 들어갈 수 있으므로 혈뇌 장벽이라는 넘어야 할 장애물이 없다. 따라서 뇌로 들어가서는 많은 뇌 영역의 뉴런 안에 있는 글루코코르티코이드 수용체를 활성화시킨다. 하지만 에피네프린과 마찬가지로 이 경우에도 편도체가 중요한 역할을 한다. 게다가 더 중요한 점은 편도체 내의 노르에피네프린이 결정적이라는 것이다. 내 연구 동료인 베노 루젠달Benno Roozendaal과 나는 일련의 집중적인 연구를 통해서 이를 발견하였다. 프로프라놀롤 및 기타 β형 아드레날린 수용체 차단제를 편도체에 선택적으로(즉 가쪽바닥 편도체에) 주사할 경우, 코르티코스테론 같은 글루코코르티코이드 수용체를 자극하는 약물이 내는 기억 향상 효과가 없어진다.

몇십 년 전 록펠러 대학교의 브루스 맥쿠엔Bruce McEwen은 해마에 글루코코르티코이드 수용체가 밀도 높게 분포되어 있다는 중요하고도 영향력 큰 발견을 했다.[34] 따라서 이 부위가 어떤 형태의 기억(사건과 장소에 대한 학습)에 관여를 한다면 아마도 그 수용체를 활성화시키면 기억 응고화가 영향을 받을 것이다. 연구를 통해 나온 증거는 그렇다는 것을 보여 준다. 베노 루젠달은 훈련 직후에 글루코코르티코이드 수용체를 자극하는 약물을 해마에 직접 투여하자 기억 응고화가 향상됨을 발견하였다(미주 33을 보라). 이는 그런 기억향상 효과에는 편도체가 관여하지 않는다거나 꼭 필요하지는 않음을 의미할까? 아니다. 오히려 반대이다. 편도체를 손상시키거나 편도체 내 β형 아드레날린 수용체를 차단하면 훈련 후에 해마 내에 있는 글루코코르티코이드 수용체를 선택적으로 자극할 때 생기는 기억향상 효과가 사라진다. 역시 편도체는 다른 뇌 영역에 있는 기억 응고화 과정을 가능하게 하고 조절하는 데 핵심적이고 결정적인 역할을 하는 것이다(그림 5.2를 보라).

스트레스 호르몬의 이중 역할

그러므로 에피네프린과 코르티솔이라는, 부신에서 분비되는 두 가지 주요 스트레스 호르몬은 뇌에 상당히 다른 방식으로(그리고 다른 경로를 거

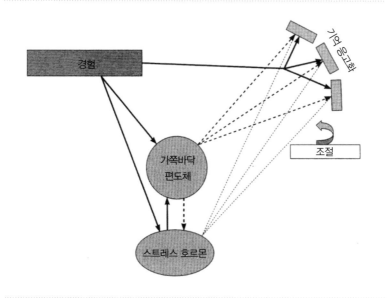

그림 5.2 스트레스 호르몬은 편도체에 작용하여 많은 뇌 영역에서 일어나는 기억 응고화를 조절한다

정서적 각성을 일으키는 경험 또한 가쪽바닥 편도체를 활성화시키고 부신선에서 스트레스 호르몬(에피네프린과 코르티솔)을 분비시킨다. 이 스트레스 호르몬들도 가쪽바닥 편도체에 있는 노르아드레날린성 수용체를 자극하여 편도체를 활성화시킨다. 편도체로부터 다른 뇌 영역들로 나가는 신경 출력은 그 영역들에서 일어나는 기억 응고화를 조절한다. 코르티솔은 기억 응고화를 직접 조절할 수 있는데, 그렇지만 이를 위해서는 편도체의 활성화도 또한 동시에 일어나야 한다.

처) 영향을 준다. 하지만 기억 응고화를 조절하는 데 결정적인 역할을 하는 편도체 내에서 노르에피네프린의 기능에 영향을 준다는 공통된 작용을 한다. 이 두 스트레스 호르몬은 우리가 살아가는 것을 돕느라 매우 바쁘다. 이것들은 많은 중요하고 복잡한 직무를 수행함으로써 우리가 스트레스성 사건으로 인한 즉각적인 생리적 결과를 처리할 수 있게 돕는다. 즉 이 호르몬들은 우리의 비상용 '구급상자'의 일부인 것이다. 하지만 또 다른 두 번째 역할도 한다. 생리적 응급 처치뿐만 아니라

이 호르몬들은 애초에 그것들을 부신에서 분비되게끔 만든 스트레스 유발 사건에 대한 기억을 강화시키는 대단히 중요한 역할을 한다. 그렇다. 우리가 경험한 사건을 오랫동안 강하게 기억하도록 만드는 데 약간의 스트레스만큼 좋은 것도 없는 것이다.[35]

하지만 이 말엔 중요하고도 흥미로운 단서가 붙는다. 스트레스가 과거에 학습한 정보를 회상해 내는 데 미치는 효과는 또 다른 문제라는 것이다. 시험이나 면접, 법정 진술, 연설 혹은 심지어 결혼 서약을 하면서 머리가 '백지'처럼 새하얘지는 경험을 한 번이라도 해 본 적이 있는가? 사실, 우리들 대부분은 그런 경험이 있다. 그런 일들은 대개 실제로 기억이 나지 못한 것이지 나쁜 기억을 변명하려고 일부러 지어낸 게 아니다(물론, 지어내는 일도 가능하다). 도미니크 드 퀘르뱅Dominique de Quervain과 베노 루젠달 및 동료들은 두 개의 실험을 통해 쥐뿐 아니라 인간에게서도 짧은 스트레스성 경험이 잘 확립된 기억의 인출을 방해한다는 사실을 알아냈다.[36] 그런 인출 장애는 대략 한 시간 정도 지속되었다. 게다가 그 인출 장애는 코르티코스테론(쥐) 혹은 코르티솔(인간) 분비 때문임이 밝혀졌다. 왜냐하면 부신에서의 글루코코르티코이드의 합성과 분비를 막는 약물을 투여하면 인출 장애가 없어졌기 때문이다. (역주_코르티코스테론이나 코르티솔은 글루코코르티코이드의 일종이다.) 그러므로 약간의 스트레스가 항상 기억에 좋은 것은 아니며, 아주 잘 학습한 정보의 회상이나 인출조차도 일시적으로 방해할 수 있다. 당신이 아주 오래 전에 치렀던 시험 점수를 고치기에는 이미 늦었다. 하지만 채점을 했던 선생님에게 당신의 성적이 나빴던 것은 당신의 글루코코르티코이드 수용체 때문이었다(어쩌면 그랬을는지도 모른다)고 지금이라도 말할 수 있었으면 하고 바라는 것도 무리는 아니다.

정서적 각성, 스트레스 호르몬, 편도체 활성화, 그리고 인간의 기억

기억 응고화의 조절에서 약물, 호르몬 및 편도체가 하는 작용에 대해서 우리가 알고 있는 것은 대부분 동물 실험에서 나왔다. 그 이유는 명백하다. 동물은 특정한 방식으로 훈련을 시킬 수가 있고, 훈련 후 특정한 시간에 특정한 뇌 영역에 약물이나 호르몬을 투여할 수 있다. 훈련후 처치라는 방법을 쓰면 약물이나 호르몬 투여가 훈련 당시에 동물의 주의에 미치는 영향을 배제할 수 있다. 뿐만 아니라 동물 연구에서는 기억 검사를 하기 전의 지연 기간 동안 동물이 하는 경험을 세심하게 통제할 수 있다. 동물이 자신의 훈련 경험을 사람처럼 되뇌기할 가능성은 없다. 아니, 아마도 거의 없다고 말해야 할 것이다. 안타깝게도 동물이 자신의 과거 경험을 드러내어 되뇌기 할 수 있는지를 우리가 확실히 알 길은 없다. 비록 인간을 대상으로 한 연구는 동물 연구에서와는 매우 다른 방법과 실험 기법을 사용해야 하지만, 그럼에도 불구하고 인간 연구 결과는 약물, 스트레스 호르몬 그리고 정서적 각성이 기억에 미치는 효과가 동물 연구 결과와 일치하는 게 대단히 많다.

스트레스가 조금 더 많으면

이 장의 앞부분에서 논의했던 래리 케이힐의 연구로 돌아가 보면, 정서적 각성을 일으키는 이야기와 함께 제시되었던 슬라이드에 대한 사람들의 장기 기억이 선택적으로 향상되었다. 이 연구에서 기억향상이 적어도 부분적으로는 스트레스 호르몬 분비 때문이었을까? 똑같은 재료와 실험 절차를 사용하여 수행된 후속 실험들에서 나온 증거는 그랬을 것임을 강력하게 시사한다. 첫 번째 연구에서 케이힐[37]은 중성적인 이 야기 혹은 정서적 각성을 일으키는 이야기를 슬라이드와 함께 들려주 기 직전에 베타차단제인 프로프라놀롤 혹은 가짜약을 사람들에게 주었 다. 2주 후에 예고 없이 기억 검사를 실시했는데, 가짜약을 먹었던 사 람들은 이야기의 중반부에 있었던 정서적 각성을 일으키는 부분과 관 련된 슬라이드의 내용을 더 잘 기억하였다. 이에 반해 프로프라놀롤을 먹었던 사람들은 그러한 기억향상을 나타내지 않았다. 따라서 에피네 프린과 노르에피네프린의 활동을 막는 약물인 프로프라놀롤이 정서적 각성이 기억에 미치는 효과를 차단했다. 프로프라놀롤은 정서적 이야 기 중 비정서적인 부분과 연관된 슬라이드나 중성적인 이야기와 함께 보여 준 슬라이드에 대한 기억은 방해하지 않았다. 그와 동일한 일반적 절차를 사용한 다른 연구들도 이 연구 결과를 확증해 주었고, 노르에피 네프린 분비를 자극하는 약물인 요힘빈이 이야기가 동반된 슬라이드에 대한 장기(즉 일주일) 기억을 향상시킴을 발견하기도 했다.[38] 이와는 조금 다른 실험 절차를 사용한 연구에서 크리스티 닐슨Kristy Nielson과 로버 트 젠슨Robert Jensen[39]은 노인들로 하여금 이야기를 읽게 한 뒤에 각성 을 유발시키면 그 글에 대한 기억이 더 좋아짐을 발견하였다. 그런데 여기서 한 가지 중요한 결과는 고혈압 때문에 베타차단제를 복용하는 노인들에게서는 각성으로 인한 기억 증진이 나타나지 않았다는 것이 다. 앞에서 이야기한 것처럼, 기억에 미치는 에피네프린 효과는 상행 미주신경에 있는 β-수용체가 적어도 어느 정도는 활성화되어야만 일 어난다. 상행 미주신경은 뇌줄기에 있는 한 핵으로 연결되고 그 핵이 다시 편도체로 신경을 보내어 거기서 노르에피네프린이 분비된다. 매 우 기발한 일련의 실험을 통해 젠슨과 그 동료들은 학습 후에 상행 미주신경을 직접 전기자극하면 (쥐뿐만 아니라) 인간의 기억이 향상된다는 것도 발견하였다.[40] 그렇지만 미주신경과 뇌 사이의 연결이 에피네프린의 기억 향상 효과를 매개하는 유일한 경로인 것은 아니다. 에피네프린에 의해 간에서 분비되는 포도당도 한몫하는 것으로 보인다. 골드와 그 동료들은 포도당이 쥐뿐 아니라 노인의 기억 응고화를 향상시킨다고 보고했다.[41]

그러므로 인간 기억에 관한 실험 연구 결과는 동물 기억 연구 결과와 대단히 일치한다. 즉 각성이 기억 응고화에 영향을 준다는 것이다. 그리고 아마도 가장 중요한 일치점은 그 영향이 적어도 부분적으로는 에피네프린과 노르에피네프린 분비, 그리고 β형 아드레날린 수용체의 활성화로 인한 것이라는 점이다. 동물 연구에서와 마찬가지로 글루코코르티코이드 수용체의 활성화 역시 핵심적인 역할을 한다. 뷰캐넌 Buchanan과 로바요Lovallo[42]는 정서적 각성을 일으키는 사진을 보기 직전에 사람들에게 코르티솔을 주면 일주일 후 검사에서 그 사진들에 대한 기억이 향상된다고 보고했다.

이 시점에서 독자에게 다음과 같은 의문이 떠오를지도 모르겠다. 스트레스 호르몬이 기억에 미치는 영향을 연구한 모든 실험이, 우리 삶에서 일어나는 스트레스성 사건에 대한 기억과 무슨 관계가 있을까? 중병으로 입원한 환자들에 대한 연구는 그런 실험 연구가 외상적 기억을 이해하는 데 매우 중요하다는 점을 보여 준다. 병원 중환자실에서 치료를 받는 대다수의 환자들은 악몽, 불안, 호흡 곤란 혹은 통증 같은 외상적 경험에 대한 강력하고 오래 지속되는 기억을 으레 갖고 있다. 뮌헨의 구스타프 셸링Gustav Schelling과 그의 동료들[43]은 심장병 수술 혹은 심혈관 대체수술을 받고 여러 날 혹은 여러 주 동안 중환자실에 입원했던 환자들의 외상적 기억을 연구하였다. 이들이 받은 치료에는 스트레스를 받을 때 일반적으로 분비되는 양의 에피네프린과 하이드로코르티손 투여가 포함되어 있는 경우가 많았다. 그런 치료를 받은 6개월 후에 조사한 결과, 그런 외상적 경험에 대한 환자의 기억 강도는 이들이 병원에서 투여받았던 에피네프린과 하이드로코르티손의 양에 직접 비례하였다. 즉 그 스트레스 호르몬들의 농도가 높을수록 더 강한 장기 기억이 생겼던 것이다. 그렇다면 이 문단 첫머리에서 나왔던 질문에 대한 답은 분명 '예'이다. 부신에서 분비되는 스트레스 호르몬의 기억향상 효과에 대한 동물 및 인간 연구는 우리 삶에서 스트레스를 일으키는 사건들에 대한 기억을 이해하는 데 깊은 관련성을 갖고 있는 것으로 보인다.

편도체가 작용하지 않으면

각성이 인간의 기억을 향상시키는 효과에 편도체가 관여할까? 동물 실험의 결과는 그와 같은 효과에 편도체가 관여함을 분명히 (그리고 강력하게) 시사한다. 하지만, 인간 연구에서는 이 질문에 동물 연구에서와는 매우 다른 방식으로 접근할 수밖에 없다. 먼저 편도체가 손상되었을 때 나타나는 효과를 살펴보자.

양쪽 뇌의 편도체가 손상될 수 있는 매우 드문 질병에 걸린 사람들을 대상으로 정서적 각성의 효과를 조사한 연구가 여럿 있다. 케이힐과 동료들[44]은 앞에서 살펴본 실험에서 사용했던 슬라이드와 정서적 이야기를 사용했다. 그 결과 편도체가 손상된 두 사람에게선 정서적 이야기가 장기 기억을 향상시키지 않았음을 발견하였다. 슬라이드 내용에 대한 이들의 기억은 베타차단제를 받은 정상인의 것과 매우 비슷했던 것이다. 편도체 손상 환자에 대한 엘리자베스 펠프스Elizabeth Phelps[45]의 연구와 더불어 이 연구 결과들은 동물 연구에서 나온 증거와 일치한다. 즉 정서적 각성이 기억 응고화를 조절하는 데 편도체가 결정적으로 관여한다. 흥미로운 결과가 또 있다. 뇌의 다른 영역이 손상된 기억상실 환자는 정서적 내용에 대하여 여전히 향상된(다소 약화되기는 했지만) 기억을 나타낸다. 그리고 비록 좀 논쟁이 있긴 하지만, 초기 알츠하이머병 환자도 정서적 각성을 일으키는 경험에 대한 기억향상이 비교적 온전한 것으로 보인다.[46]

편도체가 활발히 작용하면

게다가 제3장에서 나왔던 중요한 사실이 있다. 인간 뇌의 활동을 영상화하는 PET(양전자방출 단층촬영술)이나 fMRI(기능성 자기공명영상법) 등을 비롯한 기술의 발전은 장기적 외현 기억을 부호화하는 동안 일어나는 뇌 활동을 연구할 수 있게끔 해 주었다. 다시 말해 학습이 일어날 때 뇌를 '들여다볼' 수 있으며, 그때 뇌의 어느 영역이 선별적으로 활성화되는지 볼 수 있다. 하지만 제3장에서 지적한 것처럼 그렇게 뇌를 들여다보면서 어떤 구체적인 질문을 하는가가 중요하다. 래리 케이힐과 그 동료들[47]의 연구는 다음 두 가지를 알아본 최초의 연구였다. 첫째, 정서적 각성을 일으키는 내용이 편도체 활동(뇌의 PET 영상으로 진단한)에 선택적으로 영향을 미칠까? 둘째, 만약 그렇다면 편도체 활동의 정도가 그 내용에 대한 차후의 장기 기억과 관련될까?

먼저 성인 남성들이 정서적 각성을 일으키는(불쾌한) 영화 혹은 중성적인 영화의 일부분을 보는 동안 (방사성 표지가 부착된 포도당을 사용하여) PET으로 뇌 사진을 찍어서 여러 뇌 부위의 활동을 진단했다. 3주 후 그 영화에 대한 이들의 기억을 알아보는 검사를 예고 없이 갑자기 실시하였다. 정서적 각성을 일으키는 영화를 봄으로 인해 오른쪽 편도체가 활성화되었는데, 그 활동이 영화에 대한 장기 기억과 매우 높은 상관관계(+0.93)를 나타냈다. PET 영상을 찍는 동안 중성적인 영화를 본 경우에는 편도체의 활동이 영화에 대한 기억과 상관을 보이지 않았다. 그런데 이 연구의 참가자가 모두 남성이었다는 사실이 중요한 점이라는 게 나중에 밝혀졌다. 이 연구에 이어서 성인 여성을 대상으로 편도체 활동과 기억에 관한 연구[48]를 하여 매우 유사한 결과를 얻었다. 하지만 가장 흥미로운 결과는 바로 이것이다. 즉 여성의 경우 정서적 각성을 일으키는 내용을 부호화하는 동안 일어난 왼쪽 편도체의 활동이 차후의 기억과 높은 상관을 나타냈다. 기억 응고화와 관련된 뇌 활동에서 나타나는 이런 성별 간의 흥미로운 차이는 탐정 수사를 하듯 연구를 할 필요가 있는 뇌의 신비 중 하나로서 현재 진지하게 연구되고 있다.

편도체 활동과 기억 사이의 상관관계가 생겨나는 데 정서적 각성이 결정적이라는 결론은 합리적으로 보인다. 하지만 다른 해석도 가능하다. 어쩌면 영화가 새로워서 혹은 불쾌해서 편도체가 활성화되고 그로 인해 영화에 대한 기억이 영향을 받았을 수도 있다. 스테판 해먼 Stephan Hamman과 동료들[49]이 이러한 대안들을 검토하였다. 남자들이 일련의 사진을 보는 동안 그들의 뇌 영상을 PET(방사능 표지가 부착된 산소를 사용)으로 촬영하였다. 이 사진들은 유쾌하거나 불쾌하거나 흥미롭거나 새롭거나 중성적인 사진들이었다. 한 달 뒤에 검사를 하자 유쾌한 사진과 불쾌한 사진에 대한 기억은 편도체 활동과 높은 상관을 보였다. 재미있는 사실은 중성적이거나 새롭거나 흥미로운 사진에 대한 기억은 편도체 활동과 상관을 보이지 않았다는 것이다.

PET 영상화 기법을 사용한 연구에서는 짧은 영화나 사진 같은 자극 사건들의 효과가 여러 장 혹은 여러 편에 걸쳐서 평균화된다. fMRI를 사용하면 일련의 사건들 중 개별적인 자극 사건에 의해 일어나는 뇌 활동의 변화를 감지할 수 있다. 존 가브리엘리John Gabrieli와 그 동료들[50]은 성인 여성들에게 일련의 사진을 보여 주고 예고 없이 3주 후에 기억 검사를 실시하였다. 각각의 사진을 봄으로써 일어나는 왼쪽 편도체의 활동이 사진에 대한 기억과 높은 상관을 보였다. 편도체를 더 많이 활성화시키는 사진일수록 기억이 더 잘 되었던 것이다. 더 나아가서, 그런 효과는 정서적 각성을 가장 많이 일으키는 것으로 평가된 사진들에 대해서 가장 컸다.

이들 뇌 영상화 연구에서 나온 결과는, 약간의 편도체 활동이 그 활동을 촉발한 사건을 지속적으로 기억하는 데 좋다는, 그리고 그런 편도체 활동은 클수록 더욱더 좋다는 분명한 증거가 된다. 이 모든 연구 결과는 기억 응고화를 조절하는 데 편도체가 하는 역할을 탐구한 동물 연구에서 나온 많은 증거와 아주 잘 들어맞는다. 가브리엘리와 그 동료들의 연구 결과는 여러 사건 중 각각의 사건에 의해 생기는 편도체 활동이 그 특정 사건에 대한 기억과 상관을 보인다는 것이다. 이런 결과는 기억 응고화의 조절에 편도체 활동이 결정적이라는 증거를 더해 준다. 부신에서 분비된 스트레스 호르몬은 여러 개의 사건 중 각각의 사건에 대한 기억에 차별적으로 영향을 줄 수가 없음이 분명하다. 스트레스 호르몬은 더 장기적인 시간 척도 상에서 편도체 활동에 영향을 주어서 사건을 장기간 기억하는 데 도움을 주는 것으로 보인다. 즉 하나의 사건 혹은 에피소드를 구성하게 되는 일련의 경험을 하나로 묶어서 더 강한 기억이 생겨나게 만드는 것으로 보인다.

심한 지진을 경험한 사람이라면 지진이 강한 정서 반응과 강한 기억을 불러일으킨다는 사실을 알고 있을 것이다. 앞에서도 잠깐 언급했지만 초기 알츠하이머병 환자의 경우 정서적 각성을 일으키는 경험에 대한 더 강한 기억을 만들어 내는 능력이 대개는 남아 있다. 일본의 모리Mori와 동료들[51]은 1995년 고베 지진을 각자의 집에서 겪은 36명의 알츠하이머병 환자의 기억을 연구하였다. 그 지진은 6,000명 이상의 사망자를 냈고 넓은 지역에 걸쳐 건물, 다리 및 기타 구조물을 파괴하였다. 이 환자들의 기억은 지진이 난 6주 뒤에 검사하였다. 이 연구에서는 또한 각 환자의 편도체 부피를 MRI를 사용해서 검사하였다. 이들은 뇌 위축과 인지 장애의 정도가 다양했는데, 이들의 편도체 부피(왼쪽, 오른쪽의 평균)는 지진 당시의 경험에 대한 각 환자의 기억과 높은 상관관계를 보였다. (역주_편도체가 덜 위축되어 있을수록 기억이 좋았다는 뜻이다.) 흥미롭게도 해마 영역의 부피는 기억과 상관관계를 보이지 않았다. 이 연구 결과는 감정이 충만한 순간을 기억에 남기는 데 편도체가 중요한 역할을 한다는 더욱 강력한 증거가 된다.

기억 연결

기억에 관해 아마도 가장 많이 하는, 그리고 분명 가장 중요한 질문은 바로 '기억이 만들어질 때 뇌에서 어떤 일이 일어날까?'이다. 앞에서 언급한 증거들은 중요한 경험에 대한 기억을 만드는 데 편도체 활동이 핵심적 역할을 한다는 점을 매우 강력하고도 분명하게 보여 준다. 하지만 편도체가 기억이 만들어져서 보관되는 장소는 아닌 것으로 보인다. 조 르두Joe LeDoux[52]와 마이클 데이비스[53]를 비롯한 몇몇 신경과학자들은 다음과 같은 가설을 세웠다. 즉 공포 같은 정서 반응과 연관된 단서를 학습할 때 그 기초가 되는 신경 변화가 편도체 안에서 일어난다는

05_기억에 새겨진 순간들 165

것이다. 그리고 그들은 동물 연구를 통해 이 관점과 일치하는 많은 증거를 찾아냈다. 하지만 나의 실험실에서 나온 일부 연구를 비롯하여 많은 연구들은 다른 결과를 보고한다. 다시 말해, 편도체를 완전히 손상시키거나 가쪽바닥 부분에만 국한하여 손상시킨 쥐들이 공포를 일으키는 경험을 여전히 학습하고 기억할 수 있다는 것이다.[54] 게다가 앞에서 좀 자세하게 언급한 나의 실험실에서 나온 꽤 많은 증거는 편도체가 오래 지속되는 기억의 응고화에 관여하는 다른 뇌 영역의 기능을 조절함으로써 정서적 중요성이 큰 사건에 대한 장기 기억에 영향을 미친다는 점을 시사한다.[55] 예컨대 다이애나비가 자동차 사고로 사망했다는 소식이나 뉴욕의 월드트레이드 센터에 비행기가 충돌했다는 소식을 들었을 때 당신이 무엇을 하고 있었는지를 말해 주는 것은 편도체가 아닌 것으로 보인다. 편도체가 그 기억이 가능하게끔, 그리고 강력하게끔 만들어 준 것은 확실하다. 하지만 그 사건에 대한 기억을 구성하는 신경 변화가 일어난 곳은 편도체가 아니라 다른 뇌 영역에 있는 회로일 가능성이 아주 높다.

그 회로를 생성하는 구성요소는 무엇일까? 기억의 신경 '단위'는 무엇일까? 그에 대한 완벽하고 자세한 답은 아직 없음이 분명하고, 또 그 답이 조만간에 나올 가능성도 없다. 하지만 뇌세포와 뇌 체계가 기억을 어떻게 만들고 보유하는지를 보여 주는 결정적인 단서들이 연구를 통해 계속해서 나오고 있다.

이에 대한 오래된 유력한 가설은 학습이 신경세포 사이의 연결 강도를 변화시키며, 그 변화가 지속되는 것이 곧 장기 기억이라는 것이다. 제3장에서 이야기한 헵의 가설이 그와 같은 일반적인 가설의 하나이다. 그 가설과 관련된 결정적인 증거가 처음 나온 것은 헵의 책이 나온

지 사반세기 뒤의 일이다. 그리고 아마도 특히 중요한 점은 외현 기억의 응고화와 관련하여 가장 많이 언급되는 뇌 영역인 해마에 있는 세포의 활동 변화에 대한 연구에서 그 증거가 나왔다는 사실일 것이다. 토끼를 대상으로 한 기념비적인 연구에서 팀 블리스Tim Bliss와 테르헤 로모Terje Lomo[56]는 겉질에서 해마로 가는 신경로에 전극을 하나 꽂고, 그 신경로에 의해 활성화되는 해마의 한 영역에 또 다른 전극을 꽂았다. 그러고는 해마로 들어가는 그 신경로를 전기자극하자 해마 세포의 활동이 잠시 동안 증가하였다. 이는 두 집단의 뉴런들 사이에 원래 있었던 시냅스 연결이 활성화되기 때문에 일어나는 일이었다. 그런데 그 해마 입력 신경로를 반복해서 전기자극하자 그 두 집단의 뉴런을 연결하는 시냅스에 변화가 생겨났다. 즉 두 집단의 뉴런들 사이의 연결성이 변했던 것이다.

뉴런의 활동에 좌우되는 이런 신경 연결성의 변화를 블리스와 로모는 '장기 지속적 증강long-lasting potentiation'이라고 불렀는데, 지금은 '장기 증강(또는 장기 상승작용)long-term potentiation', 즉 LTP라고 부른다. 대부분의 신경과학자들은 장기 증강이 학습과 기억의 토대가 될 수도 있는, 뉴런 간 연결의 특이적 변화를 반영하는 것으로 보고 있다. 그 때문에 장기 증강의 본질과 기초를 조사하는 연구는 신경과학에서 가장 활발한 분야의 하나이다. 장기 증강이 학습과 기억의 기초라는 관점은 하나의 견해, 즉 가설에 지나지 않음을 염두에 두어야 한다. 하지만 여러 종류의 실험에서 나온 증거가 이 관점을 지지하거나 최소한 이 관점과 어긋나지는 않는다는 점 또한 주목할 필요가 있다. 장기 증강을 막는 약물은 대개 학습과 기억을 방해한다. 예컨대 뇌 단백질 합성을 막는 약물은 장기 증강뿐 아니라 기억 응고화도 차단한다. 또한 학습은 장기 증강의 유도와 연관될 때가 많다. 더욱이 정서적 각성 및 오래 지속되는 기억이라는 주제와 특별한 관련성을 가진 사실로서, 해마에서 유도되는 장기 증강을 가쪽바닥 편도체가 조절한다는 증거가 많다.[57] 그러므로 대단히 많은 연구 결과를 놓고 볼 때, 장기 증강이 학습과 연관되는 상황이 많다는 점에는 의심의 여지가 거의 없다. 하지만 지금까지도 장기 증강과 학습을 **결정적으로** 연결시켜 주는 증거는 없다.[58] 말하자면, 장기 증강이 학습과 기억에 필수적인지, 그리고 장기 증강 기전이 시간이 걸리는 기억 응고화 과정의 토대가 되는지를 보여 주는 증거가 아직 없다는 것이다.[59]

그러한 증거를 학자들이 열심히 찾고 있는 한편, 장기 증강의 유도와 유지의 배후에 있는 분자 및 세포 기전에 관한 연구도 또한 활발하게, 아니 심지어 '열광적'이라고까지 할 정도로 이루어지고 있다. 만약 장기 증강이 기억 응고화의 바탕이 되는 변화를 반영한다면, 장기 증강을 매개하는 시냅스에서 일어나는 분자적, 생화학적, 해부학적 변화를 아는 것이 기억의 커다란 신비 하나를 풀어 줄 것이다.

그렇지만 그것이 기억의 **유일한** 신비는 아니다. 기억에 관한 신비는 그것 말고도 많다. 먼저, 장기 증강에는 최소한 여러 가지 형태가 있다. 따라서 그 각각에 대해서 알아야 할 필요가 있다. 둘째, (장기 증강 말고도) 기억의 바탕이 될 수 있는 다른 형태의 신경가소성이 있을 가능성이 매우 높다. 셋째, 기억의 생성에는 세포 간 연결을 만드는 것보다 훨씬 더 많은 일이 필요하다. 몇몇 세포들 사이의 시냅스 연결을 유도한다고 해서 항상 기억이 생기지는 않기 때문이다. 기억이 생성되는 최소한도의 조건은 어떤 특정 뉴런 집단을 다른 특정 뉴런 집단과 연결하는 것이다. 이렇게 상호 연결된 뉴런들이 모종의 방식으로 특정 경험을 나타내

는 것일 수밖에 없다. 그리고 그 뉴런들은 상이한 종류의 정보를 처리
하여 적절한 반응을 생성해 내는 체계들의 일부분일 수밖에 없다. 기억
이 시냅스 연결성의 변화를 기초로 할 수는 있지만 기억에는 분명히 그
것보다 **훨씬 더 많은** 일이 관여된다.

 이 책의 앞부분에서 살펴본 바와 같이 상이한 뇌 체계들이 하는 역할
을 이해하는 일은 기억 연구에서 가장 중요하고도 어려운 문제이다. 특
히 해마 체계의 역할은 복잡한 수수께끼이다. 장기 증강에 대한 대부분
의 연구는 쥐나 생쥐의 해마에서 일어나는 변화를 관찰하거나 해마를
잘라 낸 절편을 가지고 변화를 관찰한다. 해마는 그 일부를 잘라 내어
적절한 용액이 든 접시에 담가 두면 여러 시간 동안 생리적 활성을 유
지한다. 해마에서 일어나는 장기 증강을 연구하는 주된 이유는 두 가지
이다. 먼저 장기 증강이 처음 발견된 곳이 해마 뉴런이었다. 그러므로
장기 증강에 관한 많은 후속 연구가 해마에 초점을 맞춘 것은 당연한
일이다. 그러나 장기 증강이 편도체를 비롯한 다른 뇌 영역에서도 얻어
졌다는 점 또한 주목해야 할 것이다(미주 59를 보라). 해마가 장기 증강이
일어나는 유일한 장소는 아닌 것이다. 해마에서의 장기 증강을 연구하
는 두 번째 주요 이유는 뻔해 보이지만 정당화하기가 그만큼 쉽지는 않
다. 해마복합체가 장기적 외현 기억의 응고화에 결정적으로 관련된다
고 시사하는 증거가 많이 있으므로 거기서 장기 증강을 연구하는 것이
적절해 보일지도 모르겠다. 하지만 장기 기억의 기초가 오로지 해마 영
역에서 일어나는 장기 증강뿐일 리는 없다. 이 점은 분명하다. 장기 기
억에는 다른 뇌 영역도 결국 관여한다. 그리고 해마복합체는 제한된 시
간 안에서만 장기적 외현 기억의 응고화에 기여할 뿐임을 보여 주는 증
거가 꽤 있다. 그러므로 결정적인 장기적 변화는 뇌의 다른 어느 부위

에서 일어나는 것임이 틀림없다. 만약 해마복합체에서 일어나는 장기
증강이 기억 응고화에서 어떤 역할을 한다면, 그 역할이란 정보가 뇌의
다른 영역(예컨대 대뇌 겉질)으로 전이될 때까지 일시적으로 그것을 붙들
고 있거나 아니면 그런 뇌 영역에서 일어나는 응고화 과정과 어떤 식으
로든 상호작용하는 일일 수 있다.[60] 중요한 순간에 대한 기억이 응고화
되는 동안 해마 이외의 다른 뇌 영역에서 장기 증강의 기초가 되는 시
냅스 변화가 일어나고 있을까? 이것이 기억에 관한 또 다른 중요한 신
비이다. 그리고 이 신비가 풀릴 것임은 의심의 여지가 없다.

 ## 미주

1. Stratton, G. M., 'Retroactive hypermnesia and other emotional effects on memory', *Psychological Review* 26 (1919), 474-86.
2. Wagenaar, W. A., and Groeneweg, J., 'The memory of concentration camp survivors', *Applied Cognitive Psychology* 4 (1990), 77-87.
3. Brown, R., and Kulik, J., 'Flashbulb memories', *Cognition* 5 (1977), 73-99.
4. Conway, M., *Flashbulb Memories*, Lawrence Erlbaum Associates, Hove, UK, 1995.
5. Neisser, U., 'Snapshots or benchmarks', in Neisser, U. (ed.), *Memory Observed: Remembering in Natural Contexts*, W. H. Freeman, San Francisco, 1982, pp. 43-8, quoted from p. 45.
6. Thompson, C. P. and Cowan, T., 'Flashbulb memories: A nicer interpretation of a Neisser recollection', *Cognition*, 22, 199-200.
7. Bohannon, J. N., 'Flashbulb memories for the space shuttle disaster: A tale of two theories', *Cognition* 29 (1988), 179-96.
8. Neisser, U., Winograd, E., Bergman, E. T., Schreiber, C. A., Palmer, S. E. and Weldon, M. S., 'Remembering the earthquake: direct experience vs. hearing the news', *Memory* 4 (1996), 337-57.
9. Conway, M. A., Anderson, S. J., Larsen, S. F., Donnelly, C. M., McDaniel, M. A., McClelland, A. G. R., Rawles, R. E., and Logie, R. H., 'The formation of flashbulb memories', *Memory and Cognition* 22 (1994), 326-43.

10. Bohannon, J. N., 'Recall of the Hillsborough disaster over time: Systematic bases of 'flashbulb' memories', *Applied Cognitive Psychology*, 7, (1988) 129–38.
11. Schmolck, H., Buffalo, E. A. and Squire, L. R., 'Memory distortions develop over time: recollections of the O. J. Simpson trial verdict after 15 and 32 months', *Psychological Science* 22 (2000), 39–45.
12. Yuille, J. C., and Cutshall, J. L., 'A case study of eyewitness memory of a crime', *Journal of Applied Psychology* 71 (1986), 291–301.
13. Kleinsmith, L. J. and Kaplan, S., 'Paired associate learning as a function of arousal and interpolated interval', *Journal of Experimental Psychology* 65 (1963), 190–93.
14. Cahill, L. and McGaugh, J. L., 'A novel demonstration of enhanced memory associated with emotional arousal', *Consciousness and Cognition* 4 (1995), 410–21.
15. Heuer, F., and Reisberg, D., 'Vivid memories of emotional events: The accuracy of remembered minutiae', *Memory and Cognition* 18 (1990), 496–506.
16. Heuer, F. and Reisberg, D., 'Emotion, arousal and memory for detail', in Christianson, S-A (ed.), *The Handbook of Emotion and Memory: Research and Theory*, Lawrence Erlbaum Associates, Hillsdale, 1992, pp. 151–80, quoted from p. 176.
17. Guy, S. and Cahill, L., 'The role of overt rehearsal in enhanced conscious memory for emotional events', *Consciousness and Cognition* 8 (1999), 114–22.
18. Stratton, G. M., 'Retroactive hypermnesia and other emotional effects on memory', *Psychological Review* 26 (1919), 474–86, quoted from p. 483.
19. Livingston, R. B., 'Reinforcement', in Quarton, G. C., Melnechuk, T., and Schmitt, F. O. (eds.), *The Neurosciences: A Study Program*, Rockefeller University Press, New York, 1967, pp. 514–76.
20. Kety, S. S., 'The biogenic amines in the central nervous system: Their possible roles in arousal, emotion and learning', in Schmitt, F. O. (ed.), *The Neurosciences*, Rockefeller University Press, 1970, quoted from p. 330.
21. McGaugh, J. L., and Herz, M. J. (1972).
22. Gerard, R. W., 'The fixation of experience', in Delafresnaye, J. F. (ed.), *Brain Mechanisms and Learning*, Charles C. Thomas, 1961, pp. 21–35, quoted from pp. 29–30.
23. Gold, P. E., and Van Buskirk, R., 'Facilitation of time-dependent memory processes with posttrial epinephrine injections', *Behavioral*

Biology 13 (1975), 145–53.

24. Gold, P. E., and Van Buskirk, R., 'Posttraining brain norepinephrine concentrations: Correlation with retention performance of avoidance training and with peripheral epinephrine modulation of memory processing', *Behavioral Biology* 25 (1978), 509–20.

25. Introini-Collison, I., Saghafi, D., Novack, G. and McGaugh, J. L., 'Memory-enhancing effects of posttraining dipivefrin and epinephrine. Involvement of peripheral and central adrenergic receptors', *Behavioral Biology* 25 (1978), 509–20.

26. Gold, P. E., 'An integrated memory regulation system: From blood to brain', in Frederickson, R. C. A., McGaugh, J. L. and Felten, D. L., *Peripheral Signaling of the Brain: Role in Neural-immune Interactions, Learning and Memory*, Hogrefe & Huber, Toronto, 1991, pp. 391–419.

27. Williams, C. L., 'Contribution of brainstem structures in modulating memory storage processes', in Gold, P. E., and Greenough, W. T. (eds.), *Memory Consolidation: Essays in Honor of James L. McGaugh*, American Psychological Association, 2001, pp. 141–63.

28. Liang, K. C., Juler, R. G. and McGaugh, J. L., 'Modulating effects of post-training epinephrine on memory: involvement of the amygdala noradrenergic system', *Brain Research* 368 (1986), 125–33.

29. Gallagher, M., Kapp, B. S., Pascoe, J. P. and Rapp, P. R., 'A neuropharmacology of amygdaloid systems which contribute to learning and memory', in Ben-Air, Y. (ed.), *The Amygdaloid Complex*, Amsterdam, Elsevier/N. Holland, 1981, pp. 343–54.

30. Hatfield, T. and McGaugh, J. L., 'Norepinephrine infused into the basolateral amygdala posttraining enhances retention in a spatial water maze task', *Neurobiology of Learning and Memory* 71 (1999), 232–9; Ferry, B. and McGaugh, J. L., 'Clenbuterol administration into the basolateral amygdala post-training enhances retention in an inhibitory avoidance task', *Neurobiology of Learning and Memory* 72 (1999), 8–12.

31. Liang, K. C. and McGaugh, J. L., 'Lesions of the stria terminalis attenuate the enhancing effect of post-training epinephrine on retention of an inhibitory avoidance response', *Behavioural Brain Research* 9 (1983), 49–58.

32. Packard, M. G., Introini-Collison, I. and McGaugh, J. L., 'Stria terminalis lesions attenuate memory enhancement produced by intracaudate nucleus injections of oxotremorine', *Neurobiology of Learning and Memory* 65 (1996), 278–82.

33. Roozendaal B., 'Glucocorticoids and the regulation of memory con-solidation', *Psychoneuroendocrinology* 25 (2000), 213–38; Sandi, C., and Rose, S. P. R., 'Corticosterone enhances long-term retention in one-day-old chicks trained in a weak passive avoidance learning paradigm', *Brain Research* 647 (1994), 106–112.

34. McEwen, B. S., 'The neurobiology of stress: from serendipity to clinical relevance', *Brain Research* 886 (2000), 172–89.

35. McGaugh, J. L. and Roozendaal, B., 'Role of adrenal stress hormones in forming lasting memories in the brain', *Current Opinion in Neurobiology* 12 (2002), 205–10.

36. DeQuervain, D. J.-F., Roozendaal, B. and McGaugh, J. L., 'Stress and glucocorticoids impair retrieval of long-term spatial memory', *Nature* 394 (1998), 787–90; de Quervain, D. J.-F., Roozendaal, B., Nitsch, R. M., McGaugh, J. L. and Hock, C., 'Acute cortisone administration impairs retrieval of long-term declarative memory in healthy subjects', *Nature Neuroscience* 3 (2000), 313–14.

37. Cahill, L., Prins, B., Weber, M. and McGaugh, J. L., 'β-adrenergic activation and memory for emotional events', *Nature* 371 (1994), 702–4.

38. Reist, C., Duffy, J. G., Fujimoto, K. and Cahill, L., 'Beta-adrenergic blockade and emotional memory in PTSD', *International Journal of Neuropsychopharmacology* 4 (2001), 377–83; O'Carroll, R. E., Drysdale, E., Cahill, L., Shajahan, P., and Ebmeier, K. P., 'Stimulation of the noradrenergic system enhances and blockade reduces memory for emotional material in man', *Psychological Medicine* 29 (1999), 1083–88; Southwick, S. M., Davis, M., Horner, B., Cahill, L., Morgan, C. A., Gold, P. E., Bremner, J. D. and Charney, D. C., 'Relationship of enhanced norepinephrine activity during memory consolidation to enhanced long-term memory in humans', *American Journal of Psychiatry* 159 (2002), 1420–22.

39. Nielson, K. A. and Jensen, R. A., 'Beta-adrenergic receptor antagonist antihypertensive medications impair arousal-induced modulation of working memory in elderly humans', *Behavioral and Neural Biology* 62 (1995), 190–200.

40. Jensen, R. A., 'Neural pathways mediating the modulation of learning and memory by arousal', in Gold, P. E. and Greenough, W. T. (eds.), *Memory Consolidation: Essays in Honor of James L. McGaugh*, American Psychological Association, Washington, D. C., 2001, pp. 129–40.

41. Gold, P. E., 'A proposed neurobiological basis for regulating memory storage for significant events', in Winograd, E. and Neisser, U. (eds.),

Affect and Accuracy in Recall: Studies of 'Flashbulb' Memories, Cambridge University Press, New York, 1992, pp. 141–61; Gold, P. E., and Stone, W. S., 'Neuroendocrine factors in age-related memory dysfunctions: Studies in animals and humans', *Neurobiology of Aging* 9 (1988), 709–17; Korol, D. L. and Gold, P. E., 'Glucose, memory and aging', *American Journal of Clinical Nutrition* 67 (1998), 764S–771S.

42. Buchanan, T. W., and Lovallo, W. R., 'Enhanced memory for emotional material following stress-level cortisol treatment in humans', *Psychoneuroendocrinology* 26 (2001), 307–17.

43. Schelling, G., 'Effects of stress hormones on traumatic memory formation and the development of posttraumatic stress disorder in critcally ill patients', *Neurobiology of Learning and Memory*, 78 (2002), 596–609.

44. Cahill, L., Babinsky, R., Markowitsch, H. J. and McGaugh, J. L., 'The amygdala and emotional memory', *Nature* 377 (1995), 295–6; Adolphs, R., Cahill, L., Schul, R. and Babinsky, R., 'Impaired declarative memory for emotional stimuli following bilateral amygdala damage in humans', *Learning and Memory* 4 (1997), 291–300.

45. Phelps, E. A. and Anderson, A. K., 'Emotional memory: What does the amygdala do?', *Current Biology* 7 (1997), R311–R314; LaBar, K. S. and Phelps, E. A., 'Arousal-mediated memory consolidation: Role of the medial temporal lobe in humans', *Psychological Sciences* 9 (1998), 490–93.

46. Hamann, S. B., Cahill, L., McGaugh, J. L., Squire, L. R., 'Intact enhancement of declarative memory for emotional material in amnesia', *Learning and Memory* 4 (1997), 301–9; Moayeri, S., Cahill, L., Jin, Y. and Potkin, S. G., 'Relative sparing of emotionally influenced memory in Alzheimer's disease', *Neuroreport* 11 (2000), 653–5; Kazui, H., Mori, E., Hashimoto, M., Hirono, N., Imamura, T., Tanimukai, S., Hanihara, T. and Cahill, L., 'Impact of emotion on memory', *British Journal of Psychiatry* 177 (2000), 343–7.

47. Cahill, L., Haier, R. J., Fallon, J., Alkire, M., Tang, C., Keator, D., Wu, J. and McGaugh, J. L., 'Amygdala activity at encoding correlated with long-term, free recall of emotional information', *Proceedings, National Academy of Sciences, USA* 93 (1996), 8016–21.

48. Cahill, L., Haier, R. J., White, N. S., Fallon, J., Kilpatrick, L., Lawrence, C., Potkin, S. G., and Alkire, M. T., 'Sex-related difference in amygdala activity during emotionally influenced memory storage',

Neurobiology of Learning and Memory 75 (2001), 1–9.

49. Hamann, S. G., Elt, T., Grafton, S., and Kilts, C., 'Amygdala activity related to enhanced memory for pleasant and aversive stimuli', *Nature Neuroscience* 2 (1999), 289–93.

50. Canli, T., Zhao, Z., Brewer, J., Gabrieli, J. D. and Cahill, L., 'Event related activation in the human amygdala associates with later memory for individual emotional experience', *Journal of Neuroscience* 20 (2000), RC99.

51. Mori, E., Ikeda, M., Hirono, N., Kitagaki, H., Imamura, T. and Shimomura, T., 'Amygdalar volume and emotional memory in Alzheimer's disease', *American Journal of Psychiatry* 156 (1999), 216–22.

52. LeDoux, J., 'The amygdala and emotion: a view through fear', in Aggleton, J. P. (ed.), *The Amygdala: A Functional Analysis*, Oxford University Press, London, 2000, pp. 289–310.

53. Davis, M., 'The role of the amygdala in conditioned and unconditioned fear and anxiety', in Aggleton, J. P. (ed.), *The Amygdala: A Functional Analysis*, Oxford University Press, London, 2000, pp. 213–88.

54. Cahill, L., Vazdarjanova, A. and Setlow, B., 'The basolateral amygdala complex is involved with, but is not necessary for, rapid acquisition of Pavlovian "fear" conditioning', *European Journal of Neuroscience* 12 (2000), 3044–50; Killcross, S., Robbins, T. W., and Everitt, B. J., 'Different types of fear-conditioned behaviour mediated by separate nuclei within amygdala', *Nature* 388 (1997), 377–80; Vazdarjanova, A. and McGaugh, J. L., 'Basolateral amygdala is not a critical locus for memory of contextual fear conditioning', *Proceedings, National Academy of Sciences, USA* 95 (1998), 15003–7; Lehmann, H., Treit, D., and Parent, M. B., 'Amygdala lesions do not impair shock-probe avoidance retention performance', *Behavioral Neuroscience* 114 (2000), 107–16.

55. Cahill, L., and McGaugh, J. L., 'Mechanisms of emotional arousal and lasting declarative memory', *Trends in Neuroscience* 21 (1998), 294–9; McGaugh, J. L., 'Memory consolidation and the amygdala: a systems perspective', *Trends in Neurosciences* 25 (2002), 456–61; McGaugh, J. L., 'The amygdala regulates memory consolidation', in Squire, L. R. and Schacter, D. L. (eds.) *Neuropsychology of Memory, 3rd Edition*, The Guilford Press, New York, 2002, pp. 437–49.

56. Bliss, T. V. P. and Lomo, T., Long-lasting potentiation of synaptic transmission in the dentate gyrus of the anaesthetized rabbit following stimulation of the perforant path', *Journal of Physiology* 232

(1973), 331–56.

57. Ikegaya, Y., Saito, H. and Abe, K., 'Requirement of basolateral amygdale neuron activity for the induction of long-term potentiation in the dentate gyrus *in vivo*', *Brain Research* 67 (1995), 351–4.

58. Martin, S. J., Grimwood, S. J. and Morris, R. G. M., 'Synaptic plasticity and memory: and evaluation of the hypothesis', *Annual Review of Neuroscience* 23 (2000), 649–711.

59. Schafe, G. E., Nader, K., Blair, H. T., LeDoux, J. E., 'Memory consolidation of Pavlovian fear conditioning: a cellular and molecular perspective', *Trends in Neuroscience* 24 (2001), 540–46.

60. Squire, L. R. and Alvarez, P., 'Retrograde amnesia and memory consolidation: a neurobiological perspective', *Current Opinion in Neurobiology* 5 (1995), 169–177; Teyler, T. J. and DiScenna, P., 'The hippocampal memory indexing theory', *Behavioral Neuroscience* 100 (1986), 147–54; McClelland, J. L., McNaughton, B. L., and O'Reilly, R. C., 'Why there are complementary learning systems in the hippocampus and neocortex: insights from the successes and failures of connectionist models of learning and memory', *Psychological Review* 102 (1995), 419–57.

뒤죽박죽인 기억과 기념비 같은 기억

우리들은 대부분 '귓속말 놀이'를 해 본 적이 있다. 여러 사람이 둥그렇게 둘러앉아서 한 사람이 옆에 앉은 사람의 귀에 어떤 문장을 속삭이면 그 사람이 다음 사람에게 전달하는 놀이 말이다. 일반적으로 마지막으로 전달받은 사람이 말하는 문장은 원래의 문장과 닮은 점이 거의 없다. 닮기는커녕 우스울 정도로 왜곡되어 있는 경우가 많다. 왜 이런 일이 일어날까? 원칙적으로는 문장이 왜곡될 이유가 없다. 하지만 한 사람이 그 문장을 듣고 기억할 때 적어도 조금은 다른 형태로 기억되고 따라서 전달할 때도 그렇게 된다. 이 놀이에 참여한 사람이 많을수록 오류가 생길 기회가 더 늘어난다. 이 놀이는 흔히 소문의 전파를 보여 주는 모델로 간주된다. 소문이 돌면서 한 사람 한 사람이 약간씩 다른 것을 '기억'하고, 그에 따라 조금씩 다른 것을 전달하는 것이다. 기억이란 대개, 적어도 어느 정도는 창조적인 오誤기억이다. 같은 사건을 아주 다르게 기억하고 있는 남편과 아내, 또는 부모와 아이에게는 이런 것이 별로 새로운 일이 아니다.

기억이란 창조적인 일

사건을 기억하는 일은 일종의 창조 행위이다.[1] 아주 많이 반복했던 내용, 이를테면 한글 자모, 좋아하는 시나 노래, 친구나 가족과 대화할 때 흔히 쓰는 단어, 취미와 관련된 용어 등은 정확하게 기억이 나며 망각하는 경우가 드물다. 하지만 일상생활에서 일어나는 평범한 사건이 기억 속에 남기는 기록은 쉽게 사라진다. 앞 장에서 이야기한 것처럼 놀라운 사건, 특히 정서적 각성을 일으키는 사건은 기억이 잘 되는 경향이 있다. 하지만 이미 지적했듯이 그런 기억도 대개는 시간이 지나면서 아주 서서히 바래 간다. 대단히 심각한 외상을 남긴 경험만이 망각을 거부하고 남아 있게 된다.

평범하든 중요하든 어떤 사건을 기억해 낸다는 것은 단순한 일이 아니다. 다시 말해, 뇌에서 완벽하게 보존된 기억이 있는 어느 장소를 찾아내어 그 기억을 온전하게 끌어내기만 하면 되는 것이 아니다. 새로운 경험은 물론 우리의 과거 경험과 관련지어질 뿐 아니라 세상에 대한 우리의 일반 지식(의미 정보)과도 관련지어진다. '기억하기re-membering', '상기하기re-collecting', '회상하기re-calling' 같은 용어는 우리가 특정한 일을 기억하거나 이야기할 때 해야만 하는 일을 꽤 정확하게 반영한다. 우리가 다시 불러오기(re-call)를 할 땐 (기억을 구성하는) 요소들을 다시 불러 수집하여(re-member, re-collect) 재구성해야(re-construct) 하는 것이다. 그리고 우리의 개인적 경험과 일반 지식에 대한 기록은 방대하게 상호 연결되어 있기 때문에 경험을 아주 정확하게 보유하고 기억해 내기란 상당히 어려운 경우가 (일반적이진 않더라도) 종종 있다. 우리의 기억은 두서없이 뒤죽박죽일 때가 많은 것이다.

이런 중요한 문제를 처음으로 진지하게 연구한 사람은 영국의 심리
학자 프레더릭 바틀릿 경Sir Frederic Bartlett이었다. 그가 1932년 출간
한 『기억하기Remembering』[2]라는 적절한 제목이 붙은 저서는 (흔히 그 중
요성이 간과되곤 하는데) 매우 영향력이 큰 책이다. 우리는 모두 이야기꾼
이다. 사건을 기억할 때 우리는 대개 이야기를 만들어 내기 때문이다.
우리는 그 사건에 대한 전체적인 경험뿐 아니라 그 세부 사항과 진행
과정을 기억한다. 하지만 그 사건을 회상할 때 우리는 그런 종류의 사
건에 대한 자신의 일반 지식 또한 활용한다. 예컨대 쇼핑, 가족과의 식
사, 종교 의식, 결혼식, 장례식, 영화 관람, 박물관 가기 등과 같은 일이
진행되는 일반적인 방식이 있다. 그런 사건을 회상하여 다른 사람에게
이야기할 때 우리는 특정 사건에 대한 우리의 특정 기억뿐 아니라 그런
유형의 사건에 관한 우리의 일반 지식과 자신의 과거 경험에 의지하게
된다. 그런데 이 두 가지, 즉 구체적인 특정 기억과 일반적인 구성된 기
억이 항상 명확하게 구별되는 건 아니다(구별이 되더라도 그건 매우 드문 일
이다). 그러나 우리가 살아오면서 쌓아 온 일반 지식 덕분에 우리는 단
편적이기 마련인 기억을 가지고 조리 있는 이야기를 만들어 내어 전할
수 있다.

우리는 사건을 완전히 이해하지 못할 때조차도 상당히 일관성 있는
이야기를 만들어 낼 수 있다. 하지만 그렇게 일관성을 얻는 대신 정확
성을 잃는다는 대가를 치른다. 이는 바틀릿의 연구 결과가 보여 주고
있다. 잘 알려진 예가 그의 저서에 언급되어 있는데, 「유령들의 전쟁」
이라는 북미 원주민 설화를 영국 사람들이 읽고 기억하도록 한 실험이
다. 간략하게 말하면 이야기는 이렇게 시작된다. 카누에 탄 일군의 남
자들이 강 상류에 사는 부족과 전쟁을 하러 가는데 에굴락 출신의 젊은

북미 원주민에게 함께 가자고 한다. 이야기는 다음과 같이 이어진다.

전사들은 칼라마의 건너편에 있는 도시로 강을 거슬러 올라갔다. 그 부족이 강가로 와서 그들은 싸우기 시작했고 많은 사람이 죽었다. 이내 그 젊은이는 한 전사가 '빨리 집으로 가자. 저 인디언이 당했어.'라고 말하는 소리를 들었다. 그러자 그는 '앗, 이들은 유령이구나.' 라고 생각했다. 그는 아프지 않았는데도 그들이 그가 당했다고 말한 것이다. 그리하여 카누는 에굴락으로 돌아갔고 그 젊은이는 뭍에 올라 자기 집으로 돌아가서 불을 피웠다. 그리고 모든 사람에게 이렇게 이야기했다. '보시오들. 난 유령들을 따라서 싸우러 갔었지요. 우리 편이 많이 죽었고 우리를 공격한 자들도 많이 죽었어요. 그들이 내가 당했다고 말했는데, 나는 아프지가 않았죠.' 이 이야기를 전부 한 다음에 그는 말이 없어졌다. 해가 떠오르자 그는 쓰러졌다. 무언가 시커먼 것이 그의 입에서 흘러나왔다. 그의 얼굴이 일그러졌다. 사람들은 벌떡 일어나서 비명을 질렀다. 그는 죽어 있었다.[3]

사람들에게 이 이야기를 두 번씩 읽게 한 다음, 처음엔 15분 후에 그러고는 점차로 긴 간격을 두고 거듭해서, 정확하고 자세하게 기억해 내도록 하였다. 회상된 이야기는 대체로 길이가 많이 짧아졌으며 좀 더 현대적인 단어가 사용되었다. 그리고 줄거리가 좀 더 조리 있어졌고 유령의 의미가 왜곡되었다. 다음은 한 사람이 2년 반 후에 그 이야기를 회상하면서 했던 이야기이다.

어떤 전사들이 유령들을 상대로 전쟁을 하러 나섰다. 그들은 하루 종일 전투를 했는데 한 명이 부상을 당했다. 그들은 부상을 당한 동지를 끌고 저녁에 집으로 돌아왔다. 날이 저물면서 그는 상태가 급격히 나빠졌고 마을 사람들이 그의 주위에 모여들었다. 동틀 무렵 그가 긴 숨

을 내쉬자 무언가 시커먼 것이 그의 입에서 흘러나왔다. 그는 죽어 있
었다.[4]

그 이야기의 이런 각색판이 원래의 이야기를 합리적으로 반영한 것
이라고 생각할 수도 있겠다. 하지만 회상된 이야기에는 자세한 사항들
이 많이 누락되어 있고 왜곡된 부분도 있음이 분명하다. 만약 이것이
법정에서 선서하에 나오는 증언이라고 했을 때 그 중요성을 상상해 보
라. 변호사가 '그래서, 이 젊은이가 유령에게 살해당했다는 것이 당신
의 증언이군요. 그렇습니까?'라고 묻는다면? 그 이야기에서는 사소하
게 변경된 부분인 것처럼 보였던 게 상황에 따라서는 얼마든지 결정적
인 게 될 수도 있다. 바틀릿의 연구 결과는 우리가 앞으로 살펴볼 매우
중요한 문제, 즉 목격자가 법정에서 하는 증언의 신뢰성 문제를 예견한
것이다. 하지만 이 연구 결과가 분명하게 보여 주는 좀 더 일반적인 사
실은 이것이다. 즉 무언가를 기억해 낸다는 것은 애초에 저장되었던 정
보를 모두 다 사용하는 게 아닐 뿐만 아니라 거기엔 없는 다른 것을 더
가져오기도 하는 창조 행위이다.

앞 장에서 논의했던 섬광 기억에 관한 연구에서 사람들의 기억이 시
간이 지나도 **일반적으로는** 정확하고 믿을 만함을 보여 주는 증거를 살펴
보았다. 예컨대, O. J. 심슨 재판의 판결에 대한 소식을 언제 어디서 어
떻게 알게 되었는지에 대한 사람들의 기억을 조사한 연구[5]를 돌이켜 보
자. 그 판결이 난 지 32개월 후에 검사했을 때 기억의 왜곡이 없거나 사
소한 왜곡만을 보인 사람이 전체의 50%였다. 적어도 이 결과만큼 중요
한 다른 결과는 기억의 왜곡이 컸던 사람이 전체의 40% 이상이라는 점
이다. 그러나 상기해야 할 또 다른 중요한 사실은 이것이다. 가게 주인

이 강도를 총으로 쏘아 죽이는 장면을 목격하여 큰 스트레스를 받았다고 보고한 사람들의 기억의 정확성은 사건 발생 이틀 이내에는 93%였고 몇 달이 지나도 88%나 되었다. 그러므로 모든 기억이 '바틀릿화' 되는 것은 아님이 분명하다. 정서적으로 매우 중요한 경험은 기억을 끄집어낼 때 일어나는 재구성 작용의 영향을 덜 받는다. 어떤 기억은 좀 많이 뒤죽박죽이고 어떤 기억은 덜 그렇다. 처음부터 강한 기억일수록 덜 뒤죽박죽이다. 되뇌기를 많이 한 정보는 기억 왜곡이 덜하다. 예컨대 16이 15에 앞선다고 잘못 기억하는 일은 없을 것이다. 하지만 알파벳에서 S가 Q 앞에 온다거나 Y가 V 앞에 온다고 잘못 기억하는 일은 (속으로 알파벳을 미리 읊어 보지 않는 한) 때때로 생길 수도 있을 것이다. 자신의 집 주소나 전화번호 또는 전자우편 주소 등은, 오랫동안 그대로인 채로 자주 사용해 왔다면 거의 잊어버리는 일이 없다.

가짜 정보를 기억해 내기

부정확한 기억을 만들어 내기는 비교적 쉬운 일이다. 제임스 디스James Deese[6]가 처음 수행했고 헨리 뢰디거Henry Roediger와 캐슬린 맥더못Kathleen McDermott[7]이 발전시킨 실험이 이를 잘 보여 준다. 이들 실험에서는 사람들에게 '실', '핀', '바느질', '뾰족한', '침', '가시', '골무' 같은 단어들이 포함된 목록을 읽게 했다. 그런 다음, '바늘'이란 단어가 포함된 또 다른 목록을 주고 이 두 번째 목록에 있는 단어들이 원래의 첫 번째 목록에 있었는지 물어보았다. 실제로는 두 목록에는 동일한 단어가 없었다. 그런데도 대부분의 사람들이 '바늘'이 첫째 목록에 있었다고 확신하였다. 이 결과가 사소해 보일지도 모르겠다. 하지만

살인 사건의 재판에서 용의자가 '바늘'이라는 말을 했었는지를 아는 것
이 결정적일 경우를 상상해 보자. 그때에는 이 연구 결과의 의미가 결
코 가볍지 않다. 작은 가짜 기억false memory 하나가 아주 커다란 결과
를 초래할 수도 있는 것이다.

　이보다 훨씬 더 복잡한 가짜 기억도 만들어 낼 수 있다. 엘리자베스
로프터스Elizabeth Loftus와 그녀의 동료들[8]은 성인인 실험 참가자들에
게 자신이 어렸을 때 친척과 함께 쇼핑을 하던 도중 미아가 된 적이 있었
다고 확신하게끔 만들 수 있었다. 실험 참가자에게 들려준 이야기는 실
험자가 만들어 낸 완전한 허구였다. 한 여성 참가자가 들었던 이야기는
다음과 같다.

> 당신과 어머니, 티엔 그리고 투안은 함께 브레머튼의 K-마트에 갔
> 습니다. 그때 당신은 만 다섯 살이었음에 분명합니다. 어머니가 블루
> 베리 맛 아이스크림을 사 먹으라고 세 사람에게 각각 돈을 좀 주셨습
> 니다. 당신이 제일 먼저 줄에 서려고 달려갔는데 어쩌다가 길을 잃게
> 되었습니다. 티엔이 나이 든 중국인 아줌마 앞에서 울고 있는 당신을
> 찾아내었습니다. 그다음엔 당신네 세 사람이 함께 아이스크림을 사
> 러 갔습니다.[9]

　이 여성은 자신이 미아가 되었었다고 인정하고는 다음과 같이 말
했다.

> 어렴풋이 … 울면서 … 헤매고 다니던 게 기억나요. 난 영원히 길을
> 잃었다고 생각했어요. 신발 가게와 손수건 코너로 가 봤죠 … 마트 안
> 을 빙빙 돈 게 열 번 정도 된 것 같아요. 헤매고 걸어 다니면서 울던 기
> 억밖에 안 나요. 중국인 아줌마나 아이스크림 부분은 기억이 안 나요
> (하지만 아이스크림은 라즈베리 맛이었을 거예요). 누가 날 찾은 것조차도 기억

이 안 나요 … 그냥 아무도 날 찾지 못할 거라고 느꼈던 것만 기억나
요. 나는 평생 K-마트에서 미아로 남을 운명이었던 거죠.[10]

로프터스의 실험 참가자들 모두가 허구의 이야기를 듣고 가짜 기억
을 하지는 않았다. 약 1/4가량의 사람들에게서만 가짜 기억이, 혹은 일
부만 가짜인 기억이 생겨났다. 그리고 실제 사건에 대한 기억과 비교하
여 사람들이 보고한 가짜 기억은 더 짧고 덜 분명했다. 그런데 어린이
에게 가짜 정보를 주었을 때에는 이와는 사뭇 다른 결과가 나왔다. 일
련의 연구에서 스테판 세씨Stephen Ceci와 그 동료들[11]은 미취학 아동들
에게 서로 다른 사건을 묘사하고 있는 여러 장의 카드를 한 주에 한 번
씩 10주에 걸쳐서 보여 주었다. 아이가 그중 한 장의 카드를 고르면 면
접관은 그 카드를 읽어 주고 그 사건이 아이에게 일어난 적이 있는지를
물었다. 이를테면 '아주 잘 생각해 보세요. 이런 일이 일어난 적이 있나
요?'라고 말했다. 한 카드에는 '손가락이 쥐덫에 껴서 병원에 가서 쥐
덫을 빼야 했어요.'라고 쓰여 있었다. 10주가 지난 뒤 다른 어른이 이
아이들을 인터뷰했다. 그러자 카드에 나온 허구의 사건들 중 최소한 한
가지 사건에 대해 진실이 아닌(즉 지어낸) 이야기를 한 아이들이 58%였
다. 또, 카드에 나온 사건들 대부분에 대해서 진실이 아닌 이야기를 한
아이들이 25%였다. 이 결과를 논의하면서 세씨는 다음과 같은 평을 했
다. '놀라운 것은 이 아이들이 한 이야기가 아주 정교하다는 점이었다.
아이들은 사건에 살을 붙여 이야기했다. 예컨대 손가락이 쥐덫에 끼었
을 때 느꼈던 감정뿐 아니라 그런 일이 일어나게 된 맥락에 대한 내적
일관성이 있는 설명을 하는 것이었다.'[12] 그러나 또다시 말하지만 많은
아이들(42%)은 가짜 이야기를 만들어 내지 **않았다**. 기억이 항상 뒤죽박죽

인 것은 아니다. 어린아이들의 기억도 포함해서 말이다.

　하지만 엘리자베스 로프터스와 캐서린 케첨Katherine Ketcham이 저서 『억압된 기억이라는 신화The Myth of Repressed Memory』[13]에서 이야기하는 것처럼 뒤죽박죽인 기억 때문에 때로는 가정이 파괴되기도 한다. 이 책은 아주 어렸을 때 부모로부터 성 학대를 당했다는 오랫동안 억압되어 있었던 기억이 되살아났다고 주장하는 다 큰 아이들의 사례를 개관하고 있다. 대부분은 아닐지 몰라도 많은 경우, 소위 그런 '억압된' 기억의 회복은 심리치료사가 의도적으로 그리고 적극적으로 도와준 결과이다. 정서적으로 강한 기억(혹은 따져 보자면 어떤 기억이든)이 '억압'될 수 있고 나중에 '회복'될 수 있다는 증거 중 과학적으로 받아들일 만한 것은 없다. 그런 주장은 아무리 좋아도 그 타당성이 미심쩍은 경우가 많다. 더 나아가 암시에 의해서 가짜 기억이 만들어질 수 있다는 증거가 많이 나오면서 그런 주장이 어떻게 생겨나게 되었는지를 대단히 설득력 있게 설명할 수 있게 되었다. 로프터스와 케첨의 책 속 한 장의 제목이 시사하는 것처럼 이는 「진실이 아닌 진실」이다. 기억이 뒤죽박죽된 결과 아주 위험하고 불행한 일이 생기기도 한다. 그런 많은 사례 중 하나를 소개하자면, 위스콘신 주에서 일어난 한 재판에서 배심원단은 한 정신과 의사로 하여금 어떤 가족에게 손해 배상금으로 850,000달러를 지급하라는 결정을 하였다. 이 정신과 의사가 한 여성에게 가짜 기억을 심어 주어 자기 아버지에게 성 학대를 당했으며 부모가 사이비 종교집단의 구성원이라고 믿게 했다는 결론이 났기 때문이다. 그 사이비 종교집단은 신도들에게 동물과 성교를 하도록, 그리고 아기가 죽임을 당하고 먹히는 장면을 보도록 강요한다는 것이었다. 판결이 난 뒤 이 가족의 변호인은 그런 식의 치료는 절대로 옹호할 수 없으며, 배심원단의 결정은 그런 치료를 멈춰야 한다는 메시지라고 논평했다. 이러한 판결과 그런 손해 배상금이 그런 식의 치료를 중지시키는 일에 당연히 도움이 될 것이다.

비록 사건에 대한 아이와 성인의 기억이 때로는, 어쩌면 흔히, 고의적으로나 우연적으로 가짜 정보에 의해 왜곡될 수 있기는 하지만, 항상 그렇지는 않다는 점은 분명하다. 우리는 용케 많은 사건을 꽤 정확하고 믿을만하게 기억한다. 정확하고 믿을 만한 기억을 유지하지 못한다면 우리 삶은 혼돈에 빠질 것이다. 내 집, 내 차, 내 아이가 누구인지 의아해하는 상황을 상상해 보라. 알츠하이머병이나 기타 기억 장애를 앓고 있는 사람들이 바로 이런 곤경에 처해 있다. 우리들 대다수에게는 잘못된 기억이 대부분의 경우 사소한 결과만을 초래한다. 그리고 또다시 말하지만, 우리들 대다수에게 반복을 통해서나 정서적 각성을 일으키는 경험을 통해 생겨난 강한 기억은 가짜 정보(고의적이든 우연적이든)의 영향을 가장 덜 받는 것이다. 누구라도 당신으로 하여금 토니 블레어가 프랑스의 총리라거나 런던 타워가 뉴욕에 있다거나 당신의 생일이 2월 30일이라거나 엘비스 프레슬리가 서커스에서 공연하는 저글러라거나 루치아노 파바로티가 영국 축구선수라는 생각을 하게끔 만들기는 힘들 것이다. 그리고 큰 교통사고 같은 것을 당해서 당신이 심각한 충격을 받았다고 할 때, 당신으로 하여금 그 사고가 일어나지 않았다거나 그 사고가 그린란드에서 일어났다고 생각하게 만들 수는 없을 것이다. 오히려 그와는 반대로, 지워지지 않는 외상적 기억이 가져오는 결과에 대처하는 일이 문제가 될 수 있다.

정신세계의 블랙홀

내가 열일곱 살 때의 일이다. 음주운전자의 차가 내가 운전하던 차를 왼쪽에서 들이받아서 범퍼와 문짝이 떨어져 나가는 사고가 났다. 나는 고속도로 위로 나가떨어졌고 곧바로 내가 아끼는 재킷이 찢어졌다는 것을 알았다. 그러고는 곧 내가 부상당한 것도 알았는데, 그리 심하지는 않았다. 나는 내 차가 들이받혔을 때 내가 어디에 있었고 무엇을 하고 있었는지를 분명히 기억하며, 또한 다른 자세한 사항도 기억한다. 예컨대 그땐 늦은 밤이었고, 오른쪽에는 낙석을 막기 위한 벽이 있었다. 그 음주운전자의 차는 그 벽으로 돌진해 부딪쳤고 중상을 입었다. 반면에 나는 운이 좋았다. 그 사고는 나에게 경미한 부상과 그 사건에 대한 매우 강한(하지만 분명히 완벽하지는 않은) 기억을 남겼다. 큰 사고를 당한 사람, 강도나 강간을 당한 사람, 또는 끔찍한 사건을 목격한 사람에게는 매우 강한 기억이 생겨나서는 시도 때도 없이 의식 속으로 끼어드는 경우가 많다. 또한 때로는 건강을 해치는 악몽과 불안 증세가 나타나기도 한다. 큰 심적 충격(즉 외상)을 경험한 사람 중 아마도 대략 10~15%가 외상후 스트레스 장애post-traumatic stress disorder(PTSD)를 겪는 것으로 추정된다. 다행히도 몇 개월 이내에 증상이 가라앉는 경우가 많지만 어떤 사람들은 일생 동안 PTSD로 고통을 받는다.

전쟁으로 인한 공포는 많은 PTSD 사례의 원천이다. 지난 20세기에는(그리고 물론 그 이전에도 오랫동안) 전투 경험 때문에 심적 충격을 받은 병사들은 좋게는 '전쟁 신경증'에 걸렸다고, 나쁘게는 꾀병쟁이라고들 얘기했다. 이제는 PTSD가 평상시에는 경험할 수 없는 외상적 사건에 의해 생기는 심각한 장애로서 환자에게 중대한 위협이 되는 것으로 인식되고 있다. 일반적인 증세는 '… 그 외상적 사건에 대한 괴로운 기억, 꿈, 생생한 이미지 등의 계속적인 재발이다. PTSD의 한 가지 뚜렷한 특징은 무無시간성이다. PTSD 환자는 그 외상적 사건을 매번 너무나 생생한 느낌으로 반복해서 경험하기 때문에 마치 그 사건이 계속 다시 일어나는 것과 같다.' [14] PTSD 환자에 대한 연구는 '… 스트레스성 생활 사건이 정서적인 기억에 미칠 수 있는 지속적인 효과를 질병이란 과장된 형태로 잘 보여 준다. 사실상 극단적인 경우에는 외상적 사건에 대한 기억이 PTSD 환자의 정신세계에서 '블랙홀'이 되어서 그와 관련된 모든 것을 빨아들일 수도 있다.' [15]

로저 피트먼Roger Pitman과 동료들은 PTSD를 앓고 있는 베트남전 참전 군인들을 연구했다. 그들은 이 군인들에게 베트남에서의 경험이 생각나게 만들고서는 그에 대한 정서 반응을 건강한 참전 군인들의 반응과 비교하였다. 그들은 참전 군인들의 개인적 경험을 토대로 구성한 원고를 실험 참가자에게 읽어 주는 동안 나타나는 전기생리적 반응을 기록했다. 다음은 PTSD를 앓고 있는 한 베트남전 참전 군인의 경험을 토대로 작성된 원고의 예이다.

> 빨리 매복하라는 명령이 방금 떨어졌다. 풀밭에 앉아서 사정거리를 가늠해 본다. 그러고는 적들이 떠들고 웃고 농담하면서 오는 소리가 들린다. 숨을 가다듬는데 심장이 멎는다. 몸이 못 움직일 것처럼 굳어 버린다. 적들의 목소리가 점차로 커져 온다. 그들이 바로 앞에 나타나면 AK 소총을 걸친 그들의 하반신을 볼 수 있다. 그들이 지나갈 때 몇 명인지 센다. 네 명째에 이르면 삽시간에 지옥 같은 일이 벌어진다. 총을 방아쇠를 당긴 채로 계속 쏜다. 정신을 차리고 보면 내 앞에 죽어 있는 베트콩의 발을 나는 노려보고 있다. 동료가 '일어나. 가야

돼.' 라고 고함을 치고 있다. 이제야 심장이 쿵쾅거리고 마치 달리기
라도 할 듯 온몸이 긴장된 게 느껴진다. 하지만 달려갈 곳이 없다. 일
어나서 그 베트콩의 머리를 보니 윗부분이 날아간 채 없고 외부에 드
러난 뇌가 햇빛에 반짝이고 있다. 피와 내장을 이전엔 한 번도 본 적
이 없다. 속이 메슥거리고 충격 상태에 빠진다.[16]

건강한 참전 군인과 비교했을 때 PTSD를 앓는 참전 군인은 이야기
를 듣는 동안 심박률과 혈압이 크게 높아졌다. 또한 피트먼과 오르Orr
는 제2차 세계대전 참전 군인들이 몇십 년 전에 일어났던 외상적 경험
을 회상할 때 생리적 반응이 크게 상승된 점으로부터 그런 반응의 '무
시간성'을 지적하였다. 대부분의 기억은 시간이 지나면서 서서히 바래
지만 외상적 기억은 평생 갈 수도 있는 것이다.

PTSD의 신기하고도 분명히 중요한 특징 하나는 그것의 시작이 종
종 지연된다는 점이다. 외상적 사건에 대한 기억의 생성은 지연되지 않
지만, 다른 증상들은 사건 후 시간이 지나면서 점점 증가할 수 있다. 피
트먼과 오르는 PTSD가 그렇게 '부화' 기간을 거쳐 시작되는 이유가
스트레스 호르몬 때문일 수 있다는 제안을 했다. '… 외상적 사건을 회
상하면 스트레스 호르몬의 분비가 일어나는데, 이 호르몬은 그 기억 흔
적을 더 강하게 만든다. 그러면 그 기억이 의식 속으로 침입할 가능성
이 더 커지고, 그런 일이 일어나면 또 스트레스 호르몬이 분비되게 된
다. 그 결과 일종의 정적 피드백positive feedback 회로가 생겨서는 그전
까지 병적이지 않던 수준의 PTSD가 병적인 PTSD로 악화될 수 있다.'
[17] 이 가설이 뚜렷이 의미하는 한 가지는 외상적 경험을 거듭해서 회상
함으로써 초래되는 스트레스 호르몬의 작용을 막는다면 PTSD의 발생
을 방지하거나 적어도 감소시킬 수 있어야 한다는 점이다.

앞 장에서 충분히 살펴본 바와 같이, 스트레스 호르몬인 에피네프린과 신경전달물질인 노르에피네프린이 정서적으로 중요한 경험이 더 잘 응고화되는 데 결정적인 역할을 한다는 증거는 상당히 많다. 또한 동물 연구와 인간 연구 모두에서 나온 결과에 의하면 베타차단제(즉 에피네프린과 노르에피네프린에 의해 활성화되는 β형 아드레날린 수용체를 차단하는 약물)가 이 효과(정서적 각성이 장기 기억의 응고화를 향상시키는 효과)를 방지한다는 증거도 상당히 많다. 그와 같은 결과가 시사하는 바는 무엇일까? 바로 외상적 경험을 이미 한 사람에게 베타차단제를 주면 PTSD가 생기는 것을 방지할 수 있다는 점이다. 이는 외상적 사건에 대한 기억이 매번 반복될 때마다 그 기억이 더 강해지는 것을 베타차단제가 막을 것이기 때문이다. 최근 여러 연구가 이 가설과 일치하는 증거를 내놓았다. 한 연구[18]에서는 외상적 경험을 한 응급실 환자들에게 외상 후 6시간 이내에 그리고 하루 네 번씩 10일 동안 베타차단제인 프로프라놀롤 또는 가짜약을 투여했다. 그 뒤 9일 동안 프로프라놀롤 용량을 서서히 줄여 나갔다. 외상 후 한 달 뒤에 실시된 검사에서는 프로프라놀롤을 받았던 환자들이 PTSD 증상을 더 적게 나타냈다. 그리고 난 두 달 뒤에 그 외상적 경험을 머릿속에 '그려 보라'고 하자 그들의 생리적 반응은 가짜약 처치를 받은 환자들에 비하여 더 낮았다. 비슷한 절차를 사용한 또 다른 연구[19]에서는 외상적 경험 뒤 20시간 이내에 환자들에게 프로프라놀롤을 주었다. 그리고는 두 달 뒤에 진단한 결과, PTSD 증상이 의미 있게 감소되었다. 이 연구들은 정서의 영향을 받는 기억에 프로프라놀롤이 미치는 효과에 대한 동물 및 인간 연구 결과에 명백히 바탕을 두고 있는 것으로서, 스트레스 호르몬인 에피네프린의 작용을 차단하면 PTSD의 발생을 약화시키거나 아예 방지할 수 있다는 가설을 지지하는 강력한 증거이다. PTSD에 의해 생긴 정신세계의 '블랙홀'을 메울 수는 없을지 몰라도 이 연구 결과는 그런 무서운 구멍이 생기는 것을 막는 일은 가능함을 시사한다. 대개 우리는 기억을 더 잘했으면 하지만, 그와는 반대로 망각을 더 잘했으면 하는 사람들도 많은 것이다!

기억이 없어지지 않는다면

서점에 가 보면 기억력을 증진시키는 비법을 알려 준다고 약속하는 책들이 서가의 몇 칸을 가득 채우고 있을 정도로 많다. 건강보조식품가게에는 기억향상 효과를 선전하는 라벨이 붙은 약초병이 층층이 쌓여 있다. 이런 책이나 약초는 먼지가 쌓일 새 없이 팔려 나가서 많은 매출을 올리고 있다. 징코 빌로바(역주_우리나라에서는 혈액 순환 개선제로 판매되는 은행잎 추출물. 미국에서는 기억력 증진 약품으로 판매되며, 최근 우리나라에서도 혈액 순환 장애로 인해 건망증이 생길 수도 있다는 광고를 시작했다.)라는 약초의 미국 내 매출은 연간 대략 2억 5,000만 달러에 이른다. 이 약초가 미국의 소비자 신뢰지수를 높이는 것 외에 무슨 유익한 효과가 있는지에 대한 증거는 대단히 미미함에도 불구하고 말이다. 이 모든 게 우리가 기억이 더 강하고 더 오래가기를 원한다는 사실을 보여 주는 증거이다. 우리는 우리의 경험이 망각되지 않기를 바라는 것 같다. 그런데 과연 우리의 기억이 그래야 할까? 우리가 원하는 기억이 어떤 것인지 매우 신중을 기해야 한다. 앞서 분명히 살펴보았듯이 우리가 제발 망각했으면 하고 바랄 만한 아주 구체적인 경험들은 많다. 그리고 매일 경험하는 일상의 사소하고 미세한 세부 사항들까지 기억할 필요는 없다. 결정적으로 필요한 것은 중요하고 유용한 것에 대한 선택적인 기억이다. 심리학자 윌리엄 제임스의 말처럼 '우리의 정신을 한 척의 배로 보자면 그 용골(역주_선체의 중심선을 따라 선저 중앙에 선수에서 선미까지 설치된 등뼈 구실을 하는 주요 구조재)이라 할 수 있는 것이 바로 선택이다 … 우리가 모든 것을 기억한다면, 대부분의 경우, 아무것도 기억하지 못하는 것만큼이나 나쁜 상황에 처할 것이다. 어떤 것을 회상하는 데 원래 그 일이 일어나는 데 걸린 만큼의 시간이 걸릴 것이고, 그러면 우리의 사고는 결코 앞으로 나아가지 못할 것이다.'[20] 따라서 길게 보면, 우리의 사소한 경험은 대부분 망각되며 또 그래야만 한다. 이런 관점에서 본다면, 소위 기억력 향상 식품이 그 라벨에 적힌 약속을 지키지 못한다는 사실이 아주 다행스러운 일이다. 왜 그런 식품이 우리의 소망(기억력이 좋기를 바라는)을 실현시켜 주지 말아야 하는지 좀 더 자세하게 알아보기 위해 비상한 기억력을 가진 사람들의 이야기를 살펴보는 것이 도움이 될 것이다.

먼저 허구의 이야기부터 시작하자. 아르헨티나의 위대한 작가 호르헤 루이스 보르헤스Jorge Luis Borges의 단편 『기억 왕자 푸네스Funes the Memorious』[21]는 말에서 떨어지는 사고로 몸이 마비된 채 침대에 누워 있는 젊은 우루과이 남자에 관한 이야기이다. 그에게 플리니우스Pliny의 『자연사Naturalis historia』를 포함하여 라틴어로 된 책 몇 권을 빌려 주자, 그는 그것들을 매우 빠른 속도로 읽고는 다음과 같은 이야기를 라틴어와 스페인어로 했다.

> … 『자연사』에 기록된 경이로운 기억력을 가진 사람들 … 자신의 군대에 있는 모든 병사의 이름을 기억해서 호명할 수 있었던 페르시아의 왕 키루스 2세, 제국 내의 22개 언어로 법을 집행했던 미트리다테스 6세, 기억술학의 창시자 시모니데스, 한 번밖에 안 들은 것을 정

확하게 암송하는 기술을 구사했던 메트로도루스. (푸네스는) 그런 사
례들이 놀라운 것으로 취급된다는 사실 자체를 분명 진심으로 놀라
워했다.

푸네스는 '세상이 시작된 이후 모든 인류가 갖고 있는 기억보다 더
많은 기억을 나는 혼자서 갖고 있어요 … 내 세계는 마치 쓰레기더미
같아요.'라고 말했다. 보르헤스는 다음과 같이 썼다.

> 실제로 푸네스는 모든 숲의 모든 나무의 모든 잎을 기억했을 뿐만 아
> 니라 매번 그것을 지각하거나 상상했던 때를 기억했다. (푸네스는)…
> 일반적인, 플라톤 식의 보편 개념이란 걸 거의 가질 수가 없음을 우리
> 는 잊지 말아야 한다 … 내 추측으로는 그는 사고할 능력이 없었을 것
> 이다. 사고를 한다는 것은 차이를 잊어버리고, 일반화하고, 추상화하
> 는 일이다. 온갖 것들이 바글거리는 푸네스의 세계에는 구체적인 세
> 부 항목들만 있을 뿐이었다 … [22]

중요하지 않은 자잘한 것들이 망각되지 않으면 위와 같은 일이 일어
날 것이다.

다음으로 문헌에 남아 있는 놀라운 기억 능력자의 사례를 살펴보자.
1968년 러시아의 저명한 신경심리학자 A. R. 루리아Luria의 저서 『거
대한 기억창고에 관한 소책자 : 어떤 기억술사의 마음A Little Book
about a Vast Memory: The Mind of a Mnemonist』[23]의 영어판이 출간되었
다. 이 책은 음악가와 기자로서는 실패를 하고 직업적인 기억 전문가,
즉 기억술사가 된 사람을 30년간 연구한 내용을 담고 있다. 책에서 S라
불리는 그가 기자이던 시절, 그의 편집장은 S가 자신의 지시를 전혀 받
아 적지 않는데도 말 그대로 정확히 기억한다는 것을 알아챘다. S의 기

억 능력에 호기심이 생긴 편집장은 그를 루리아에게 보냈다. 루리아는 곧 S의 기억은 용량과 정확성이 사실상 거의 무한함을 발견하였다. 많게는 70개나 되는 단어나 숫자를 연이어 제시해도 S는 그것을 순서대로 혹은 거꾸로 외워서 말할 수 있었다. 한 전형적인 실험은 여러 행렬로 된 숫자 표를 그에게 보여 주는 것이었다. 그는 그런 숫자 표를 몇 분간 살펴본 후 한 줄씩 혹은 거꾸로 혹은 대각선으로 기억해 낼 수 있었다. 이 기억 묘기를 당신 스스로 해 보거나 친구에게 해 보라고 할 수도 있다. 다만 행운을 빈다! 친구에게 해 보라고 한다면 반드시 좋은 친구를 골라야 할 것이다. 그러지 않으면 그 친구는 자신이 멍청하다는 것을 보여 주려고 당신이 그런 일을 시킨다고 생각할 것이다. 며칠, 몇 주, 혹은 몇 년의 간격을 두고 심층적으로 이루어진 기억 검사 결과, 루리아는 S의 기억 용량과 기억 흔적의 지속성이 무한하다는 결론에 다다르게 되었다. 이와 같은 놀라운 기억 능력 때문에 S는 직업적인 기억 술사가 될 수 있었다.

흥미롭게도 엔터테이너로서 그의 주된 문제점은 기억이 **지나치게** 완벽하다는 것이었다. 그는 매일 저녁 공연을 여러 차례 하는 일이 많았다. 칠판에 쓰여 있는 숫자들을 보고서는 가린 다음 그 숫자들을 회상하곤 했는데, 같은 날 저녁에 앞서 했던 공연에서 또는 심지어는 며칠 전 저녁에 했던 공연에서 칠판에 쓰여 있었던 숫자들을 무시하는 일이 그에게는 무척 힘든 일이었다. 루리아가 질문했던 것처럼 '그의 마음에서 사라지지 않고 완강하게 남아 있는 이 이미지들을, 그것들을 몇 년도 아니고 몇십 년간 지닐 수 있는 그의 능력을 어떻게 설명할까? … S가 어떠한 숫자열이라도 처음 외웠던 10년, 12년, 또는 심지어 17년 뒤에 마음만 먹으면 얼마든지 그것을 선별해 낼 수 있다는 사실을 …

무엇으로 설명할까? 지워지지 않는 기억 흔적을 만들어 내는 능력이 어떻게 그에게 생기게 된 것일까?[24] S는 사물이 특이한 맛, 소리 및 색깔을 가진 것으로 지각했다. 이는 '공감각'이라는 능력인데, 이것이 그의 기억을 도왔다는 사실을 알면 당신이나 당신의 친구에게 좀 도움이 될지도 모르겠다. 그의 말은 이러하다. '나는 어떤 단어를 그것이 불러일으키는 이미지뿐 아니라 그 이미지가 불러오는 전체 감정의 복합체로 인식한다. 표현하기 어렵지만 … 그건 시각이나 청각 상의 일이 아니고 내게는 어떤 전반적인 감각이 느껴지는 것이다. 보통 나는 어떤 단어의 맛과 무게를 경험한다…'[25]

　이런 사실을 알아도 앞서 이야기한 기억 도전 과제를 당신이 해내는 데에는 별로 도움이 될 것 같지 않다. 하지만 S의 놀라운 기억력도 그가 평범한 일상생활을 하는 데에는 별 도움이 되는 게 아니었다. 오히려 그 반대였다. '기억 왕자 푸네스'처럼 그의 경험은 그의 기억들과 복잡하게 뒤엉켜 있었다. 그는 '내가 무엇을 읽을 때 내게 보이는 것들은 진짜가 아니며, 그 맥락과 들어맞지가 않는다. 내가 어떤 궁전에 대한 묘사를 읽고 있으면 어떤 이유에서인지 그 큰 방들이 항상 내가 어려서 살던 아파트의 방들로 변해 버린다.'고 썼다. 일생에 걸쳐서 그는 이 직업 저 직업을 전전했고 모두 제대로 해내지 못했다. 루리아가 내린 결론은 이러하다. '… 그가 살고 있었던 상상의 세계와, 그는 겨우 잠시 지나가는 손님이었을 뿐인 실제 세상 중에서 어느 것이 그에게 더 실재였는지 말하기는 힘들 것이다.'[26] S는 '기억 왕자 푸네스'라는 가공의 인물과 같은 삶을, 아마도 똑같은 실패를 겪으며 살았다.

　또 다른 기억술사인 V.P.는 워싱턴 대학교의 얼 헌트Earl Hunt와 탐 러브Tom Love[27]가 발견한 사람이다. V.P.는 라트비아의 리가라는 도시에서 태어났는데, 흥미롭게도 이 도시는 S가 어린 시절을 보낸 마을과 가깝다. S와 마찬가지로 그는 암기를 매우 강조하는 학교를 다녔다. 그에게는 비상한 기억 능력이 있음이 곧 분명해졌다. 5세 즈음에는 자신이 사는 도시의 기차와 버스 시간표뿐만 아니라 도로지도를 다 외웠다. 여덟 살 때 그는 체스를 하기 시작했는데, 체스는 그의 주요 관심사가 되었다. V.P.는 미국에서 대학을 마쳤고 대학원을 좀 다녔지만, 연구 대상이 되었던 당시에는 가게 점원으로 일하고 있었다. 체스 전문가로서 그는 눈을 가리고서 최대 7개의 체스 경기를 동시에 할 수 있는 것으로 보고되었다. 그는 통신을 통한 체스 경기를 종이에 기록하지 않고도 최소한 60개를 할 수 있었다. 그는 IQ 검사에서 높은 점수(136)를 받았으며 기억 하위검사에서 특히 잘했다. 그의 숫자폭(방금 제시된 일련의 숫자를 얼마나 많이 기억하는가에 대한 측정치)은 21.5개로서 대학생의 평균인 8개 미만에 비해 매우 넓었다. V.P.가 숫자들을 열로 또는 행으로 기억하는 능력은 S와 비슷했지만, 그는 S와 달리 이미지를 이용하지 않는다고 주장했다. 그러나 그도 분명히 기억술을 쓴 것으로 보인다. 일련의 숫자를 기억할 때 그는 그것을 날짜로 보고 바로 그 날짜에 자신이 무엇을 했는지 생각하곤 했다. 만약 앞에서 말한 숫자 행렬의 기억 검사를 스스로 또는 친구에게 여전히 해 볼 생각이라면 이처럼 날짜를 이용하는 것이 더 쉬운 방법인지 살펴보라. 다시 한 번, 행운을 빈다.

이 장의 앞부분에서 바틀릿이 기억 연구에서 사용한 「유령들의 전쟁」이라는 이야기의 일부를 보았다. 또 한 사람이 그것을 처음 회상한 후 2년 반이 지난 뒤 다시 회상한 내용도 나왔다. 그 두 부분을 보지 말고 당신도 「유령들의 전쟁」을 회상해 보라. 단, 세부 사항도 전체 줄거리만큼이나 중요하다는 점을 명심하라. 만약에 실제로 이를 해 보겠다

면, 그것을 적어 놓고 그것을 바틀릿의 실험 참가자의 것과, 그리고
V.P.가 회상한 것과 비교해 보라. V.P.의 회상은 그가 그 이야기를 읽
은 6주 뒤에 헌트와 러브가 기록한 것이다.

> 일행은 칼라마 너머의 어느 지점까지 강을 거슬러 올라갔다. 그리고
> 그 부족은 이들이 다가오는 것을 보고 강으로 내려왔고, 서로 전투가
> 벌어졌다. 치열한 전투 도중 젊은이는 누군가가 '어서 집으로 가자.
> 저 인디언이 부상을 당했어.' 라고 말하는 것을 들었다. 그 젊은이는
> 통증도 부상도 느끼지 못했고, 그들이 유령임에 틀림없다고 생각했
> 다. 하지만 일행은 되돌아갔고, 그는 강에서 자신의 마을까지 걸어갔
> 다. 그는 자신의 오두막 바깥에 불을 지피고는 해가 뜨기를 기다렸다.
> 그는 자신을 둘러싼 사람들에게 '우리 전사 일행은 강 상류에 있는
> 부족과 전투를 하러 갔죠. 양측 모두 많은 사람이 죽었어요. 내가 부
> 상을 당했다는 말을 들었지만 나는 아무렇지도 않았지요. 어쩌면 그
> 들은 유령이었을지도 모르겠어요.' 라고 말하였다. 그는 이 모든 이야
> 기를 마을 사람들에게 했다. 해가 떠오르자 그의 얼굴이 뒤틀렸다. 무
> 언가 시커먼 것이 그의 입에서 흘러나왔고 그는 쓰러졌다. 그는 죽어
> 있었다.[28]

당신이 회상한 것이 V.P.의 회상만큼 정확하지 않다면 원래 이야기
를 다시 읽고 한 번 더 기억하려고 노력해 볼 수도 있다. 혹은 친구에게
기억해 보라고 할 수도 있다. 왜 어떤 사람(분명히 아주 드물기는 하지만)에
게는 정보를 기억하는 그런 비상한 능력이 있는 것일까? 간단한 답은
우리가 아직 모른다는 것이다. 또한 그것을 새로운 측면에서 이해하게
해 줄 만한 흥미로운 구체적 가설도 전혀 없다. 우리가 알고 있는 것은
S와 V.P.가 암기를 대단히 많이 요구하는 학교를 다녔으며 라트비아의

두 이웃한 도시에서 어린 시절을 보냈다는 점이다. 하지만 이런 정보는 별로 결정적인 단서가 되지 못한다. 왜냐하면 많은 아이들이 비슷한 어린 시절을 보냈으나 우리가 알기로는 S나 V.P. 같은 아이들이 그리 많지 않다. 훈련 때문이든 유전 때문이든 아니면 그 둘의 조합 때문이든 간에 S와 V.P.의 뇌는, 그리고 그들과 비슷하지만 아직 연구가 안 된 다른 사람들의 뇌는 필자나 당신의 뇌와는 다르다. 하지만 현재로서는 그런 경이로운 기억력에 관한 연구 결과가 그 원인에 대한 결정적인 단서를 내놓지 못하고 있다. 다만 앞으로 더 파고들 필요가 있는 매우 흥미롭고 중요한 질문들을 던져 주고 있을 뿐이다.

가장 신비로운 기억 능력

이제 인간이 보여 주는 기억 중 우리를 가장 어리둥절하게 만드는 그런 종류의 기억에 눈을 돌려 보자. 자폐 아동이나 성인에게서 가끔씩 나타나는 경이로운 기억 능력이 바로 그것이다. 자폐증이 있는 사람 중 대략 6%가 적어도 어느 정도는 매우 정확한 기억을 기초로 한 어떤 예외적인 능력을 갖고 있다. 이들의 능력은 보통 사람보다 훨씬 더 뛰어나다. 달력 계산이 이들의 능력 중 가장 많이 알려지고 연구된 능력이다. IQ가 약 70인 어떤 자폐증 젊은이는 꽤 단순한 덧셈과 뺄셈은 할 줄 모르면서 20세기의 어느 날이라도 그게 무슨 요일인지 말할 수 있었다.[29] 달력 계산 능력자들 중에는 수많은 세기에 걸쳐 특정 날의 요일을 계산할 수 있는 사람이 많다. 예를 들어 한 사람은 서기 1000년부터 2000년 사이의 어떤 날짜든 그 요일을 계산할 수 있었다. 달력 계산 능력은 개개인에 따라서 5년에서 40,000년까지 가능한 것으로 보고되어 있다.[30] 자폐증이 있는 일란성 쌍둥이인 두 사람 모두가 달력 계산을 할 수 있는 경우도 있었다. 그중 한 명이 특히 달력 계산을 잘했는데, 그의 달력 계산 범위는 6,000년으로서 어느 일반적인 만세력보다도 훨씬 더 넓은 것이었다. 흥미롭게도 그는 1582년 이전의 날짜에 대해서는 틀린 답을 했는데, 1582년은 율리우스력이 그레고리력으로 바뀐 해이다.[31] 물론 누구든 적절한 절차를 따르기만 하면 달력 계산을 할 수 있다. 하지만 이는 쉬운 과제가 아님을 아래 글을 보면 알 수 있다.

> 한 가지 방법은 해당 연도의 뒷자리 두 숫자로 시작하는 것이다. 그 숫자를 4로 나누어 몫의 정수 부분만 피제수와 더하고 나머지는 무시하라. 그다음에 해당 월을 나타내는 0에서 6 사이의 숫자를 더하고, 여태까지의 합에 마지막으로 그 날짜를 더한다. 그렇게 해서 얻은 총합을 다시 7로 나눈 후, 그 몫은 무시하고 나머지를 기억한다. 이 나머지 값을 요일표에 넣어서 답을 구한다.[32]

당신, 혹은 「유령들의 전쟁」을 기억해 보라고 부탁했던 당신 친구가 도전해 볼 마음이 있다면, 비행기가 최초로 비행에 성공했던 1903년 12월 17일이 무슨 요일이었는지를 단순히 위의 지시를 따라서 재빨리 알아낼 수도 있겠다. 시간이 좀 걸릴지도 모른다. 자폐증이 있는 서번트(역주_전반적으로는 지능이 떨어지지만 특정 분야에서만은 비범한 능력을 보이는 사람)는 책, 달력 계산기 혹은 컴퓨터의 도움 없이 그날의 요일을 몇 초 내에 계산할 수 있다. 어떻게 그렇게 할까? 달력 계산 능력자들에 대한 집중적인 연구에도 불구하고 간단한 답은 나오지 않았고 단순한 가설도 제안되지 않았다. 기억이 많이 요구된다는 것은 분명하다. 하지만 그것은 보통의 산수 계산을 가능하게 하는 기억과는 다른 종류이며, IQ가 낮은 사람에게서 나타나는 기억과도 대단히 다른 것이다.

단서가 될 만한 것이 없을까? 자폐증이 있는 서번트 중 어떤 이들은 만세력을 본 적이 있는 것으로 알려져 있다. 하지만 그들의 부모도 만세력을 본 적이 있지만 이들은 그런 능력을 얻지 못했다. 당신도 만세력을 구해서 공부하고 위에서 요약된 것 같은 계산을 할 수 있는지 알아보고 싶을 수 있다. 다시 한 번, 행운을 빈다. 최선의 가설(즉 이 경우에는 추측)은 매우 특정한 암묵적 계산 방법이 비상하게 발달되어 그런 능력이 생겼다는 것이다. 다시 말해 서번트들은 규칙을 추론해 내서는 학습하고 기억해서 적용할 수 있는 것으로 보인다.[33] 물론 왜 혹은 어떻게 그렇게 되는지도 전혀 모르는 가운데 그 모든 일이 이루어진다. 하지만 비상한 재능을 가진 사람 중 그 재주가 어디서 생겨났는지 설명할 수 있는 사람이 어디 있을까? 자폐증은 없으면서 특별한 재능이 있는 사람도 자신의 재능에 대해 분명하게 이야기할 수는 있지만 그 재주의 근원에 대해서는 아무런 설명도 하지 못한다.

추상화하는 능력(역주_달력 계산도 규칙을 추론해 내는 추상화 능력의 하나이다)은 자폐증이 있는 일부 서번트들의 예술적 재능에서도 또한 드러난다. 그런 사람 중에는 여러 명의 작곡가의 스타일로 음악을 연주하는 이도 있다. 또한 그래픽 화가인 자폐증 서번트들이 그들과 대등한 IQ를 가진 통제 집단에 비해 더 적은 정보를 가지고도 어떤 불완전한 그림이 무엇을 나타내는지 알아맞힐 수 있음은 상당히 흥미로운 일이다. 그런 재능들은 놀라운 성과를 이끌어 냈다. 시각장애인으로 등록된 자폐증 서번트 리처드 와로Richard Wawro가 그린 크레용 그림은 10,000달러에 팔리기도 한다. 알론조 클레먼스Alonzo Clemons는 진흙으로 대개 한 시간 내에 세밀한 동물 인형을 제작할 수 있는 소위 불가사의한 능력을 가졌다고 얘기되는 자폐증 서번트이다. 콜로라도 주 아스펜에 있는 드리스콜 갤러리Driscol Galleries에 전시된 그의 조각 작품들을 보면 세부 사항에 대한 그의 놀라운 지식과 조각가로서의 비상한 재능을 느낄 수 있다. 그는 동물의 그림을 흘긋 보고는 몇 분 안에 왁스로 입체적인 복제물을 만들어 낼 수 있는데, 그런 복제물이 미적으로 훌륭할 뿐 아니라 미세한 해부학적 특징까지 정확하다. 그의 가장 유명한 작품은 「개구쟁이 망아지 세 마리」라는 실물 크기의 말 조각이다. 그와 같은 예술적 재능은 물론 비상한 기억력이, 매우 특별한 종류의 뛰어난 기억력이 있어야 가능하다.

기억 : 표현되거나 억제되거나

무엇 때문에 이 자폐증 서번트들, 즉 IQ가 낮고 자신을 돌보는 능력은 떨어지는 사람들에게 그런 독특하고 비상한 재능이 생기는 것일까? 왜 필자나 독자에게는 그런 특별한 재능이 없는 것일까? 자폐증 서번트와 우리 뇌의 핵심적인 차이는 무엇일까? 그들의 뇌를 알게 되면 우리 모두가 어떻게 학습하고 기억하는지에 대해서 결정적인 통찰을 얻을 수 있을지도 모를 일이다. 한 가지 명백한 가능성은 이것이다. 즉 어떤 뇌 영역 혹은 뇌 과정의 발달 미숙이 그런 비상한 재능의 표현에 필요한 다른 뇌 영역을 극단적으로 정교하게 만들 수도 있다. 또 다른 더 흥미로운 가능성은 다음과 같다. 우리 모두 그런 비상한 재능을 나타낼 수도 있는 뇌를 갖고 있지만 우리의 뇌가 정상적으로 작동하고 있을 땐 그런 비상한 재능이 표현되지 못하고 차단되어 있는지도 모른다. 우리 뇌의 많은 체계들은 끊임없이 상호작용하면서 우리가 많은 종류의 정보를 얻고 저장하고 사용할 수 있게 한다. 그런 상호작용 때문에 특정 뇌 체계의 독특한 작용이 억제되는지도 모르고, 만약 그런 억제가 풀린다면 더 좋은 기억력과 창의력이 나타날지도 모른다. 따라서 어쩌면 우리 모두의 뇌에 매우 특별한 재능의 밑바탕을 이루는 엄청난 기억 능력이 있는지도 모른다. 하지만 이것은 우리 뇌의 기억 체계의 작동을 더욱 연구하고 이해한 후에 집필해야 할 또 다른 장의 주제이다. 해결되길 기다리고 있는 기억의 또 다른 주요 신비인 것이다.

 ## 미주

1. Tulving, E., *Elements of Episodic Memory*, Oxford University Press, New York, 1983.
2. Bartlett, F. C., *Remembering*, Cambridge University Press, Cambridge, 1932.
3. Bartlett, p. 65.
4. Bartlett, p. 75.
5. Schmolck, H., Buffalo, E. A. and Squire, L. R. (2000).
6. Deese, J., 'On the prediction of occurrence of particular verbal intrusions in immediate recall', *Journal of Experimental Psychology* 58 (1959), 17–22.
7. Roediger, H. L. III and McDermott, K. B., 'Creating false memories. Remembering words not presented in lists', *Journal of Experimental Psychology: Learning, Memory and Cognition* 21 (1995), 803–14.
8. Loftus, E. F., Feldman, J. and Dashiell, R., 'The reality of illusory memories', in Schacter, D. L. (ed.), *Memory Distortion*, Harvard University Press, 1995, pp. 47–68.
9. Loftus et al., p. 63.
10. Loftus et al., p. 63.
11. Ceci, S. J., False beliefs: Some developmental and clinical consideration', in Schacter, D. L. (ed.), *Memory Distortion*, Harvard University Press, 1995, pp. 91–125.
12. Ceci, p. 102.
13. Loftus, E. and Ketcham, K., *The Myth of Repressed Memory*, St

Martin's, Griffin, New York, 1994, p. 38.

14. Pitman, R. K. and Orr, S. P., 'Psychophysiology of emotional memory networks in posttraumatic stress disorder', in McGaugh, J. L., Weinberger, N. M. and Lynch, G. (eds.), *Brain and Memory: Modulation and Mediation of Neuroplasticity*, Oxford University Press, New York, 1995, pp. 75–83.

15. Pitman and Orr (1995), p. 80.

16. Pitman and Orr (1995), pp. 77–8.

17. Pitman and Orr, p. 81.

18. Pitman, R. K., Sanders, K. M., Zusman, R. M., Healy, A. R., Cheema, F., Lasko, N. B., Cahill, L. and On, S. P., 'Pilot study of secondary prevention of posttraumatic stress disorder with propanolol', Biological Psychiatry 5 I (2002), 189-92. 다음의 논문들도 보라. Fletcher, T. and Cahill, L. 'Propranolol for reemergent posttraumatic stress disorder following an event of retraumatization: a case study', Journal of Traumatic Stress 15 (2002), 433-37. Treatment with propranolol rapidly and markedly reduced symptoms of PTSD in a patient who had experienced a series of automobile accidents.

19. Vaiva, G., Ducrocq, F., Jezequel, K., Averland, B., Lestavel, P., Brunet, A., Marmar, C. R., 'Peritraumatic prescription of propranolol decreases acute PTSD symptoms', International Society for Traumatic Stress Studies (ISTSS), Baltimore, November 2002.

20. James, W. (1890), p. 680.

21. Borges, J. L., *Labyrinths, Selected short Stories and Other Writings*, Introduction by André Maurois. Edited by James Irby and Donald Yates. 38 'fictions', essays and parables. New Directions Publishing Company, 1962, pp. 59–66.

22. Borges (1962), pp. 63–6.

23. Luria, A. R., *A Little Book about a Vast Memory: The Mind of a Mnemonist*, Harvard University Press, 1968.

24. Luria, p. 61.

25. Luria, p. 28.

26. Luria, p. 159.

27. Hunt, E., and Love, T., 'How good can memory be?', in Melton, A. W., and Martin, E. (eds.), *Coding Processes in Human Memory*, Winston-Wiley, 1972, pp. 237–60.

28. Hunt and Love, pp. 259–60.

29. Hurst, L. C. and Mulhall, D. J., 'Another calendar savant', *British Journal of Psychiatry* 152 (1988), 274–7.

30. Heavey, L., Ping, L. and Hermelin, B., 'A date to remember: The

nature of memory in savant calendrical calculators', *Psychological Medicine* 29 (1999), 145–60.

31. Howe, M. J. A. and Smith, J., 'Calendar calculating in "idiot savants": How do they do it?', *British Journal of Psychology* 79 (1988), 371–86.

32. O'Conner, N. and Hermelin, B., 'Idiot savant calendrical calculators: maths or memory?', *Psychological Medicine* 14 (1984), 801–6.

33. Lester, D., 'Idiot savants: a review', *Psychology* 14 (1977), 20–23.

기념품 : 내용의 요약

기념품이란 기억할 가치가 있는 물건이다. 그러므로 이 짧은 요약 장에서 우리는 기억에 관해서 기억할 만한 가치가 있는 몇 가지를 돌이켜 볼 것이다. 기억을 과학적으로 연구하기 시작한 이후 약 한 세기 동안 기억의 작용과 그 밑바탕이 되는 뇌 과정에 대해서 많은 것을 알게 되었다. 먼저, 수 세기 동안의 회의론에도 불구하고 기억을 객관적으로 연구하는 게 가능함을 알게 되었다는 점이 중요하다. 다른 여느 과학 분야에서도 사용되는 일반적인 방법과 기법을 사용해서 말이다. 다음으로, 동물과 인간의 기억을 연구하는 데 필요한 구체적인 방법을 개발한 것도 필수적인 일이었다. 또한 인간의 기억 장애가 드러내주는 결정적인 교훈을 발견한 것도 중요한 일이었다. 마지막으로, 많은 종류의 연구 기법이 개발됨으로써 우리의 경험에 대한 일시적인 혹은 지속적인 표상을 생성하고 통합하는 뇌 체계 및 신경생물학적 기전을 연구할 수 있게 되었다.

기억에 관한 과학적 연구가 시작되기 전부터도 기억에 관해 쓰인 글은 많다. 기억에 관한 과학적(즉 실험적) 연구 이전의 사고를 보여 주는 가장 좋은 예는 아마도 윌리엄 제임스[1]일 것이다. 그는 최근 기억과 장기 지속적 기억을 구분했고 습관은 전혀 다른 종류의 기억으로 간주했다. 그의 구분은 오늘날에도 단기 기억, 장기 기억 및 운동 학습에 대한 연구에서 지켜지고 있다. 그리고 뇌 또한 이런 구분을 따른다는 점을 우리는 알게 되었다. 각 형태의 기억을 주로 담당하는 뇌 영역이 서로 다를 뿐 아니라 그들 사이의 상호작용을 통합하는 영역도 다르기 때문이다.

학습과 기억에 관한 과학적 연구가 태동된 이후 파블로프[2]와 손다이크[3]를 비롯하여 이 분야를 개척한 거장들은 동물에게서 기억을 연구하는 방법을 개발했다. 특히 톨먼[4]을 비롯한 여러 학자들은 인간 학습과 마찬가지로 동물 학습도 경험의 예측 가능성에 대한 학습(역주_즉 미래에 어떤 일이 일어날 것인가를 예측하는 행동의 학습)으로 이루어지는 부분이 많다는 사실을 밝혀냈다. 매번 어떤 경험을 할 때마다 우리는 그 정보를 보유하게 되고, 그 덕분에 우리가 살고 있는 세상에 대한 매우 합리적인 예측을 할 수 있게 되며 따라서 그 정보를 사용하여, 대개는, 적절하게 행동할 수 있게 된다.

헵의 통합적이고 영향력 큰 저서[5]를 통해 우리는 단기 기억과 장기 기억에 대한 더 많은 것을 알게 되었다. 그리고 학습 후에 일어나는 메아리 같은 신경활동이 지속적 기억에 필요한 구조적 변화를 생성하는 데 중요할 수 있다는 가설도 알게 되었다. 같은 시기였던 20세기 중반에 던컨 등의 실험 결과는 학습 직후에 뇌 기능을 방해하는 처치를 하면 기억 장애가 일어남을 보여 주었는데, 이는 오랫동안 무시되었던 게오르그 뮐러와 알폰스 필체커[6]의 기억 응고화 가설에 대한 관심을 다시 불러일으켰다. 이러한 연구 결과에 자극받아 나 자신[7]뿐 아니라 여러 연구자들이 학습 후에 인간이나 동물에게 약물 혹은 다른 처치를 했을 때 일어나는 기억 향상 효과에 대한 연구를 시작했다. 그 결과 마침내 우리는 훈련에 의해 분비되거나 훈련 후에 투여된 스트레스 호르몬이 기억 응고화를 향상시킬 수 있다는 발견을 하게 되었다. 이 연구들은 또한 기억 응고화에 영향을 주는 약물 및 스트레스 호르몬이 가쪽바닥 편도체라는 뇌 영역을 거쳐서 작용한다는 사실을 밝혀냈다. 이 영역은 서로 다른 뇌 영역에 의해 처리되는 서로 다른 형태의 기억에 영향을 줌으로써 기억 응고화를 조절한다.[8]

관찰 및 실험 연구뿐 아니라 임상 관찰 결과 또한 정서적 각성을 일으키는 경험이 잘 기억되는 경향이 있다는 증거를 꽤 많이 내놓았다. 우리 모두가 이를 알고 있지만(또는 알고 있다고 생각하지만) 이런 결론은 많은 증거로 잘 증명해야 한다. 스트레스 관련 호르몬과 편도체의 활성화가 동물과 인간에게서 강한 기억을 만들 수 있다는 증거가 그런 잘 확립된 효과를 설명하는 것으로 보인다. 또한 특별히 심한 외상을 일으키는 경험은 강렬하고 오래가는 외상적 기억, 즉 외상후 스트레스 장애(PTSD)를 낳을 수 있다는 사실이 이제는 상당히 잘 알려져 있다. 피트먼[9]은 스트레스 관련 호르몬이 PTSD 발생에 결정적인 역할을 할 수 있다고 제안한 바 있다. 스트레스 호르몬인 에피네프린의 작용을 막는 약물을 투여하면 PTSD의 발생이 차단되거나 약화된다는 증거는 이 가설을 강력하게 지지한다.

우리의 기억은 완벽하지 않다. 바틀릿의 초기 연구 결과[10]와 로프터스의 최근 연구[11]에 따르면, 약한 기억은 쉽게 다른 것의 영향을 받으며, 어떤 상황에서는 완벽한 가짜 '기억'을 만들어 낼 수도 있다. 로프터스의 연구 결과는 목격자 증언의 신뢰도(또는 '불신도')에 대해 시사하는 바가 매우 크다. 이에 반하여 되뇌기를 많이 해서든 강한 정서적 각성으로 인해서든 강한 기억은 잘 망각되지 않는다.

더 강한 기억을 갖기를 바라는 사람들은 비상한 기억 능력이 초래할 결과를 숙고해 보아야 할 것이다. 보르헤스가 쓴 『기억 왕자 푸네스』[12]의 주인공 푸네스의 기억은 '쓰레기더미'(정리되지 않은 세부 사항들의 거대한 덩어리) 같았다. 그가 처한 슬픈 상황은 루리아[13]가 묘사한, 뛰어난 기억술사였지만 놀랍도록 불만족스러운 삶을 살았던 S의 이야기와 유사했다. 지나치게 강한 기억은 개인적으로 매우 비싼 대가를 치르게 만드는 것으로 보인다. 자폐증 서번트들은 달력 계산도 하고, 화려한 그림도 그리고, 놀라운 동물 조각도 만들어 낼 수 있다. 하지만 그 대신에 이들은 다른 형태의 기억 능력과 정상적인 삶을 영위하는 능력이 결핍되어 있다.

이런 것들이 이 책에서 살펴본 몇 가지 기억할 만한 기념품이다. 우리가 논의하지 않은, 기억과 그 신경적 기초에 관한 기타 사실과 모습이 많이 있다. 기억의 세포 기전을 비롯하여 기억의 다른 측면을 다루는 훌륭한 책들[14]을 참고 문헌에 적어 두었다.

살아가려면 우리는 우리의 경험을 보유해야만 한다. 이 책 첫머리에서 말한 것처럼 기억이 없이는 무대에 오를 수 없다. 아니, 아무 일도 할 수가 없다. 우리의 경험에 대한 기록을 보유하는 일은 필수적이다. 우리 뇌가 대부분의 경우 이 일을 효율적으로 그리고 효과적으로 해낸다는 것은 참 다행스러운 일이다. 그리고 우리 뇌가 어떻게 이런 일을 하는지에 대해서 많은 것을 알게 되기까지 겨우 한 세기가 약간 넘어 걸렸다. 하지만 알아내야 할 것들은 훨씬, 훨씬 더 많이 남아 있다. 여태까지 본 바와 같이 기억은 복잡하다. 우리의 뇌도 엄청나게 복잡하다.

새로운 것을 알아내려면 새로운 가설이 필요하고, 또 새로운 기술과 방법이 필요하기 마련이다. 우리 뇌가 어떻게 과거가 존재하도록 보전하는가에 대한 완벽하고 자세한 설명이 담긴 마지막 장은 아마도 조만간에 쓸 수 있을 것 같지는 않다.

 미주

1. James, W. (1890).
2. Pavlov, I. P. (1927).
3. Thorndike, E. L. (1898).
4. Tolman, E. C. (1932).
5. Hebb, D. O. (1949).
6. Duncan, C. P. (1949), Müller, G. E. and Pilzecker, A. (1990).
7. McGaugh, J. L. (1973).
8. McGaugh, J. L. (2002).
9. Pitman, R. K. and Orr, S. P. (1995).
10. Bartlett, F. C. (1932).
11. Loftus, E. F., Feldman, J. and Dashiell, R., 1995.
12. Borges, J. L. (1962), pp. 59–66.
13. Luria, A. R. (1968).
14. Schacter, Daniel L., *The Seven Sins of Memory*, Houghton Mifflin Company, Boston, 2001; Eichenbaum, H. and Cohen, N. J., *From Conditioning to Conscious Recollection: Memory Systems of the Brain*, Oxford University Press, New York, 2001; Bourtchouladze, R., *Memories are Made of This*, Weidenfield and Nicolson, London, 2002; Squire, Larry R., and Kandel, E. R., *Memory From Mind to Molecules*, Scientific American Library, New York, 1999; Dudai, Y., *Memory from A to Z*, Oxford University Press, Oxford, 2002.

찾아보기